LITERATURA DE ESQUERDA
DAMIÁN TABAROVSKY

LITERATURA DE ESQUERDA
DAMIÁN TABAROVSKY

TRADUÇÃO
Ciro Lubliner e Tiago Cfer

O escritor sem público   7
A crise de dentro   37
Efeitos abstratos   51
Estava surfando quando uma onda me engoliu   67
Perder o juízo   89

Índice remissivo   109
Sobre o autor   113

O ESCRITOR SEM PÚBLICO

Certa vez perguntaram a Alejandra Pizarnik por que nunca havia escrito um romance, ao que ela respondeu: "Porque em todo romance sempre há um diálogo como este: – Oi, como vai? Quer uma xícara de café com leite?"

É curioso, pois, afinal, Pizarnik acabou escrevendo narrativa, e além disso, segundo soube depois, a frase é apócrifa. Dá no mesmo. Retomo a ideia do café com leite: por que seria verossímil que Pizarnik tivesse dito essa frase? Seria porque encarnava a típica poeta que desconfia da prosa? Seria somente uma *boutade*[1]? Expressava, por denegação, sua própria incapacidade para o romance? Seria porque simplesmente não lhe agradava o café com leite? Todas as hipóteses são consistentes e deviam ser levadas em conta na hora de decifrar o enigma. Gostaria, entretanto, de adiantar outra possibilidade: quem sabe essa frase – supostamente pronunciada por uma poeta que enfim se lançou à prosa – revele algo sobre certo estado do romance contemporâneo: época em que a prosa começa a

---

1 Expressão no francês que significa um pensamento ou dito sutil que desarma e dispensa o meramente factual, a Verdade. [N. dos T.]

abrir concessões à linguagem, tempo em que o romance faz da concessão sua norma.

Ao mesmo tempo contemporânea tardia do *nouveau roman* e do descobrimento na Europa ocidental de Gombrowicz, Pizarnik é sobretudo testemunha do surrealismo pós-guerra – de sua conversão em múmia –, do realismo mágico e do êxito de Cortázar. Isto é, do momento em que a vanguarda se cristaliza, se converte em literatura banal, do momento de sua *divulgação linguística*, da perda de sua potência expressiva. Momento em que a literatura deixa de se expressar como dúvida e se escreve como certeza (é paradoxal, mas a vanguarda, que à primeira vista surge afirmativa, programática e prescritiva, como uma cadeia de certezas, é, na verdade, um *tatear no escuro*, um zigue-zague, um perambular sempre precário, uma verdade sempre em processo de abandono, enquanto a poesia de Pizarnik, que se apresenta como uma proeza da dúvida, da indecisão e da precariedade, como a extrema unção do dogma, expressa na realidade o último coquetismo de *Sur* e *La Nación* mesclado às verdades *kitsch* do preceito romântico em sua versão "menina dos anos 1960").

Volto ao tema, se é que ele existe. Esse estado de mediocridade expressiva da narrativa, que nos anos 1960 supostamente aterrorizava Pizarnik, hoje adquire um caráter não apenas literário como também cultural. O que apavorava Pizarnik poderia definir-se sob um rótulo de política literária: o café com leite como verdade última da narrativa. Mas, fora da literatura, em outra parte, havia um estado da cultura que dissimulava esse fracasso literário. Não penso em cair eu também na mitificação sem fim que se abate sobre os anos 1960, muito menos no desejo homogeneizador que suprime as tensões e antagonismos desses anos (que supõe que o Guevarismo, o Di Tella e Tato Bores pertencem à mesma episteme), mas sem dúvida *algo aconteceu* nesse ínterim. O que acontecia talvez tenha a ver com isto: a primazia da cultura sobre a literatura. Se lermos hoje qualquer um desses livros, digamos *O jogo da amarelinha*, para citar o coração desse tempo, se o lermos hoje desprovidos da couraça cultural que então o protegia, o que sobra? Tão só o vazio e a nostalgia dessa couraça. O que *salvava* o texto não acontecia na literatura, mas no bar La Paz, e a frase de Pizarnik, em sua infelicidade, parece dar conta desse estado de coisas. E, no entanto, o fracasso, a derrota ou a extinção dessa couraça cultural, a *desaparição* dos anos 1960, não implicou nenhuma revisão literária, nenhuma mudança profunda nos rumos centrais da narrativa. Testemunhamos, hoje, a mesma política literária do café com leite, agravada pela ausência do clima cultural de então. Se nos anos 1960 a cultura dominava a literatura com tanta facilidade, não era devido à sua riqueza, mas ao sabor pasteurizado que havia atingido a narrativa. Se hoje cultura e literatura se equilibram em sua insignificância, é porque a pasteurização engloba as duas.

    Faço um salto no percurso que vai dos anos 1960 à atualidade – ainda que seja um percurso bastante conhecido e até óbvio, não pretendo descrever passo a passo como se chegou a essa situação. Interessa-me, ao contrário, assinalar alguns aspectos da situação da literatura nestes tempos (sempre me agradaram os livros com títulos como *Literatura alemã de hoje*, ou *Atualidade da literatura*, pois essa atualidade rapidamente envelhecia e o título tornava-se anacrônico. Mas o interessante é quando, ainda que o título tenha envelhecido, o livro mantém sua potência: o momento em que o autor acertou na descrição de seu tempo. Quero dizer: quando um escritor escreve uma frase como a que escrevi mais acima – "Interessa-me, ao contrário, assinalar alguns aspectos da situação da literatura nestes tempos" –, está ciente de que corre o risco do ridículo, do envelhecimento prematuro; de que se coloca em uma dessas situações sobre as quais dirá mais tarde "quem mandou eu escrever isso?"; de que se situa no limiar da fragilidade – se expondo a bofetadas –, na mais absoluta solidão. Mas a veleidade do escritor reside no desatino do presente, e não no mito da posteridade). Pulo o desenvolvimento, portanto. Não haverá aqui uma descrição da passagem dos anos 1960 para a atualidade, mas sim alguns indícios de como as coisas funcionam hoje. Isto que a sociologia denominou campo cultural, ou campo literário, está rachado, partido, atravessado por dois polos de atração: a academia e o mercado. É claro que esses dois polos não são necessariamente antagônicos (são conhecidos os homens e as mulheres que circulam com êxito por ambos os mundos: catedráticos de manhã; assíduos articulistas de tarde; vencedores de *concursos de espejitos*[2] à noite; como uma espécie de evocação cruel da utopia marxista de "pela manhã, carpinteiro, à tarde, pescador"), mas dois lugares que se identificam, cada um com suas marcas, com seus públicos, seus códigos e valores; dois lugares geralmente em estado de tensão, desatenção e fascinação mútua. Por isso, antes de avançar, devem-se reconhecer duas questões: nem o mercado nem a academia são âmbitos homogêneos; cada um deles está constituído por desacordos internos, estilos divergentes, *targets* específicos e paradigmas

---

[2] Gíria derivada do escambo enganoso que os espanhóis praticavam com os índios americanos, oferecendo-lhes espelhos em troca de ouro. A expressão remete a uma troca fraudulenta, a um embuste. [N. dos T.]

contraditórios. Em segundo lugar: no estado atual do capitalismo, de uma maneira ou de outra, todos temos, tivemos ou teremos algum tipo de relação com o mercado (e também com a academia, uma vez que a circulação entre os dois espaços é tão intensa). Do ponto de vista pragmático, do que *realmente existe*, no momento em que um escritor publica (ainda que uma plaquete de dez exemplares, ou a tradução de um poema para compartilhar entre amigos), ele está operando no mercado. Dito e reconhecido. Contudo, me interessa outra coisa, algo além do realmente existente, uma abordagem que torne visível o invisível. Então, como defini-los? O mercado e a academia: dois lugares *garantidos*.

Para além de sua importância quantitativa (decrescente) e qualitativa (inexistente), o mercado e a academia funcionaram como a marca cultural da Argentina dos anos 1980 e 1990. Não importa se o mercado literário argentino é pequeno, em comparação com o de outras sociedades, e se a academia vernácula é apenas uma ilusão. O importante é que a maior parte da literatura e da crítica que se tem publicado há 25 anos foi escrita a partir desses dois lugares.

Houve nessas décadas uma vontade cultural tão forte para que realmente se instituísse um mercado literário, e para que se consolidasse um meio acadêmico, que o mais significativo não é se isso chegou a se concretizar (hoje, a academia funciona a todo vapor e o mercado quebrou, mas amanhã ninguém sabe como será), mas sim que o principal foi essa política, a própria existência dessa vontade capitalista de ter um mercado funcionando e uma academia pesquisando. Ao seguir de perto o discurso dos atores pertencentes a cada um desses polos, nota-se um alto grau de desconfiança e zombaria entre eles (os autores da academia que passam ao mercado mantêm um clássico discurso antimercantil, desmentido pela falsa inocência de suas próprias obras; e, ao mesmo tempo, nossos *best-sellers* mantêm um constante choramingo sobre a indiferença da crítica que não reconhece seu talento). Mas quando se pensa a cena a partir de outra perspectiva (isto é: quando simplesmente se pensa), torna-se muito simples perceber como ambos os polos estão ligados, não só pela correspondência de figuras (dado engraçado, embora menor), mas sobretudo pela relação que seus lugares mantêm com a literatura, pela ideia trivial que cada polo tem da escrita. Não seria muito difícil confeccionar uma tipologia, ou melhor, uma topologia, um mapa de diferentes estilos e estratégias que caracterizam cada polo (a autoridade do *editing*, a primazia da trama, os personagens, a novela histórica, o conto convencional, a desenvoltura estilística, a linguagem plana, justa, a ausência de excessos, a fábula moral, o romance com conteúdo humanista, a piscadela à época histórica e certo anacronismo *light*, de um lado; e de outro, o formalismo batido, o efeito *kitsch* da *citação culta*, o laboratório de ideias, a busca do controle absoluto, a convicção de que o humor é algo sério, a noção de autoridade, as benesses, o desprezo através da ironia, a construção de genealogias que funcionem como credenciais, o medo). Seria tão simples realizar esse mapa que o deixo de lado (menciono, sim, uma diferença importante entre os dois polos: mesmo que de um modo brutal – ontem Benjamin e Foucault, amanhã outros – e, portanto, de maneira duvidosa, na academia ainda se lê; mesmo que de forma precária e cheia de preconceitos, circulam por ali certos textos, certa impressão de que se está *diante de um texto* completamente ausente no mercado; enquanto a academia os trata como textos, o mercado não concebe que o produto seja mais do que o *livro*).

Volto ao que quero dizer: tanto um polo quanto o outro escrevem *a favor*. Li outro dia de esguelha no metrô o livro que o passageiro ao meu lado estava lendo: um livro de Jaime Barylko. Não me lembro do título, nem a frase exata, mas dizia algo assim: "Mandamos nossos filhos à escola porque sabemos que nela se reproduzem os valores e as normas nos quais nós, pais, acreditamos". Pois bem: do mesmo modo pode-se dizer que o mercado e a academia escrevem a favor da reprodução da ordem, de sua sobrevivência, a favor de suas convenções – escrevem *positivamente*. Está claro que – isso já é do conhecimento de todos – no capitalismo tanto o mercado como a academia necessitam da novidade para se reciclar (o caráter outrora radical do novo se converteu em mero valor de troca – no mercado –, ou em simples valor de uso, na academia). Portanto, escrever a favor da manutenção da ordem, do consenso, não exclui o gosto pelo novo, entendendo o novo sempre e apenas como o último, o mais recente, o recém-chegado, "a nova literatura argentina" ("traduzido em vários idiomas, *Respiração artificial* foi virtualmente reconhecido como um clássico da nova literatura argentina. Numa enquete realizada recentemente entre 50 escritores, foi eleito como um dos dez melhores romances da história literária de nosso país". Contracapa da reedição de 1988 de *Respiração artificial*), mas é o novo desprovido de seu próprio desejo: o desejo de novidade compreendido como inassimilável, como desestabilização de nossos sistemas de crenças. Depois de quase 150 anos de existência de *tradição do novo*, o mercado saldou o assunto – saldou em sentido literal –, entendendo o novo apenas como último, como a mercadoria mais recente, esvaziando de densidade e perspectiva essa tradição; e a academia, consciente de que a mudança e o novo não formam mais que uma tradição, resolveu a questão historicizando o problema, incorporando-o a uma galeria de relativismos teóricos e culturais sem dúvida pertinentes, mas que exclui o que ainda subsiste – como problema que incomoda – na tradição do novo: o desejo louco de mudança. É como se a crítica e a narrativa acadêmicas viessem nos dizer: "Como sei que a mudança e a ruptura são, a essa altura, somente uma tradição entre outras, então não busco seu efeito de novidade, pois sei que ele não existe e, portanto, me conformo com o que já existe, com o realmente existente". Com efeito, a mudança, a ruptura e a novidade hoje parecem não mais existir *realmente*. Mas sobrevivem como desejo, como pulsão. A sobrevivência do desejo louco pelo novo produz efeitos de escrita – romances e poemas *reais* – que nem a academia nem o mercado chegam a assimilar.

Enquanto o mercado e a academia escrevem a favor de suas convenções, a literatura que me interessa – *a literatura de esquerda* – suspeita de toda convenção, inclusive as próprias. Não busca inaugurar um novo paradigma, mas pôr em xeque a própria ideia de paradigma, a própria ideia de ordem literária, qualquer que seja essa ordem. Trata-se de uma literatura que escreve sempre pensando no lado de fora, mas num lado de fora que não é *real*; esse fora não é o público, a crítica, a circulação, a posteridade, a tese de doutorado, a sociologia da recepção, a contracapa, o tapinha no ombro. Esse fora nem sequer é a tradição, a angústia das influências, outros livros. Não. Tal fora convencional está vetado para a literatura de esquerda, porque a literatura de esquerda é escrita pelo escritor sem público, pelo escritor que escreve para ninguém, em nome de ninguém, sem outra rede além do desejo louco de novidade. Essa literatura não se dirige ao público: se dirige à linguagem. Não se trata da oposição romance de trama *versus* romance de linguagem – que é o mesmo que dizer: mercado *versus* academia –, mas de algo muito mais ambicioso: escolhe a própria trama para narrar sua decomposição, para pôr o sentido em suspenso; escolhe a própria linguagem para perfurá-la, para buscar esse lado de fora – o fora da linguagem – que nunca chega, que sempre se posterga, se desagrega (a literatura como forma de digressão) esse fora, ou talvez esse dentro inalcançável: a metáfora do mergulho (a invenção de uma língua dentro da língua); não mais o mergulho como busca da palavra justa, bela, precisa (o coral iluminado submerso), mas como o momento em que a caça submarina se extravia e se converte em lataria, ácido, vidro moído, coral de vidro moído (a exploração de um navio afundado).

Se a literatura não se acerta com a linguagem, então não há dúvida: não lhe cabe outro lugar senão a academia ou o mercado.

Há décadas Barthes expôs o problema. Cito este longo parágrafo: "Na língua, servidão e poder se confundem inelutavelmente. Se chamamos de liberdade não só a potência de subtrair-se ao poder, mas também e sobretudo a de não submeter ninguém, não pode então haver liberdade senão fora da linguagem. Infelizmente, a linguagem humana é sem exterior: é um lugar fechado. Só se pode sair dela pelo preço do impossível: pela singularidade mística [...]; ou então pelo *amém* nietzschiano, que é como uma sacudida jubilatória dada ao servilismo da língua [...]. Mas a nós, que não somos nem cavaleiros de fé nem super-homens, só resta, por assim dizer, trapacear com a língua, trapacear a língua. Essa trapaça salutar, essa esquiva, esse logro magnífico que permite ouvir a língua fora do poder, no esplendor de uma revolução permanente da linguagem, eu a chamo, quanto a mim: *literatura*".[3]

A definição de Barthes é impecável. Mas insuficiente, ou talvez incompleta. Incompleta na Argentina da década de 2000. Pois esse lugar no qual, segundo Barthes, se escreve e se inscreve a literatura, é o "esplendor de uma revolução permanente", esplendor que no *gauchisme* dos anos 1970 (a *Aula inaugural* é de 1977) radicaliza a herança de 1968. Mas aqui, agora, entre nós, a que remete esse esplendor? Informa-nos sobre o porvir? Localiza a literatura no plano do futuro? Estaria Barthes nos sugerindo que toda literatura é literatura do futuro?

Barthes expõe corretamente o problema geral: quando a literatura não se subtrai à hegemonia da linguagem, quando não a enfrenta, não a trapaceia, ela é apenas mera reprodução linguística do poder. Assim se escreve no mercado e na academia. Porém, para ir mais longe, é necessário fazer um forte exercício de interpretação, uma tradução profunda do enunciado de Barthes ao nosso aqui e agora.

Esse lugar no qual se escreve e se inscreve a literatura de esquerda, esse outro lugar que não é nem a academia nem o mercado, não existe. Ou melhor: existe, mas não é visível, e nunca será. Instalado na pura negatividade, a visibilidade é seu atributo ausente. Fora do mercado, longe da academia, em outro mundo, no mundo do mergulho da linguagem, em seu balbucio, se institui uma comunidade imaginária, uma comunidade negativa, *a comunidade inoperante* da literatura.

---

3 BARTHES, Roland. *Aula*. Trad.: Leyla Perrone-Moisés. São Paulo: Cultrix, 1988, pp. 15-16.

Há, sob essa ideia, a leitura de vários ensaios de diversas tradições, divergentes e até antagônicas (*A comunidade inoperante*, de Jean-Luc Nancy, *A instituição imaginária da sociedade*, de Castoriadis, *A comunidade inconfessável*, de Blanchot, *A angústia da influência*, de Harold Bloom). Trata-se de uma leitura livre, arriscada e até forçada (as leituras não falam, não dizem, eu é que as faço dizer). Certamente não se trata de edificar uma nova tradição erudita, mas de realizar uma tradução potente do nosso aqui e agora, na vertigem do presente (de fato, o livro argentino que chegou mais longe na descrição da comunidade inconfessável, *La operación Masotta*, de Carlos Correas, em vez de ser lido nessa vertente, foi lido apenas como um capítulo de história dos intelectuais).

Um desvio, então: pensar o tema da comunidade, do estar em comum da literatura, aqui e agora, é uma ideia desaconselhável: esse pensamento está ameaçado por tradições terríveis, como o cristianismo (a comunhão), o socialismo real (o comunismo) e inclusive o nazismo (a *volksgemeinschaft*, a comunidade do povo). Para não falar do *cocoliche*[4] autóctone dessas tradições: o peronismo (a comunidade organizada). Um passo em falso e *zás!*, o pensamento cai como uma mosca em qualquer um desses abismos. Portanto, como é de se supor, poucos autores trilham por esse caminho. De vez em quando a sociologia o retoma – sob o modesto título de "laço social" –, e também certos estudos culturais, nada muito além disso. A filosofia abandonou o assunto. Contudo, a literatura de

---

4 O *cocoliche* foi uma linguagem desenvolvida e falada na Argentina, desde meados do século 19, por imigrantes italianos. Consiste, basicamente, em uma mistura da língua espanhola com diversos dialetos italianos. [N. dos T.]

esquerda não pode ser pensada de outro lugar que não seja o dessa comunidade negativa.

Eu não disse, porém, apenas comunidade. Evoquei a *comunidade inoperante*. Uma comunidade, certamente, só que inoperante: uma comunidade na qual o inacabamento é o seu princípio, mas tomado como termo ativo, designando não a insuficiência ou a falta, e sim o trânsito ininterrupto das rupturas singulares. Nessa linha, cada escritor inaugura uma comunidade. Mas este gesto inaugural não funda nada, não implica nenhum estabelecimento, não administra nenhum intercâmbio; nenhuma história da comunidade se engendra aí. Inaugura-se como interrupção. E ao mesmo tempo a interrupção empenha-se em não anular seu gesto, a recomeçá-lo outra vez.

A comunidade invisível onde se escreve e se inscreve a literatura de esquerda, comunidade literária que se institui de modo imaginário, pertence à tradição do dom. Não ao dom suposto como intercâmbio de interesses, como na economia política da doação. Tampouco à tradição vanguardista do dom como *potlatch*,[5] como liberador de energias reprimidas. A comunidade inoperante, tal como quis traduzi-la aqui e agora, ultrapassa a lógica da vanguarda histórica: supõe o dom da literatura como uma interrupção, a interrupção de seu próprio mito, como o questionamento recursivo de seu próprio desejo. O que a literatura doa é sua própria inoperância, sua incapacidade de converter-se em mercadoria (como produz o mercado) e sua resistência a transformar-se em obra (como supõe a academia). Escapa ao plano da eficiência e da

---

[5] Cerimônia religiosa praticada por tribos indígenas da América do Norte na qual, entre outras coisas, se pratica o desapego e a oferta de presentes. [N. dos T.]

plenitude (o campo do mercado), mas também se subtrai ao da codificação (a academia). A comunidade inoperante supõe a instituição literária do porvir entendido como demora, como suspensão, como passo adiante; sua existência não necessita de provas (como delas necessitam o mercado e a academia: números, citações, colóquios, exemplos); nessa comunidade negativa a leitura não é imposta sob o modo de distribuição (como no mercado), nem pela circulação (como na academia); mas como generalidade imaginária de uma particularidade. Expressa-se como indeterminação. Quem pertence à literatura da comunidade inoperante integra a comunidade dos que não têm comunidade.

A comunidade inoperante, a comunidade da literatura de esquerda, se institui sob dois preceitos opostos, sob o combate sempre real entre duas ordens contraditórias: a *fratria* e o *polemos*.[6] Combate sem resolução, é claro, mas de forças que se imbricam uma à outra, se emaranham. A *fratria* é indissociável do *polemos*. É certo que no mercado e na academia há polêmicas, entabulam-se discussões entre pares. Mas elas acontecem sob o modo da comunicação, se estabelecem no espaço público. De uma maneira ou de outra, o público instaura a transparência como normatividade ou até como utopia (ver: o devir do pensamento progressista local), designa a argumentação como seu *modus operandi*. Nesse ato instaura também seu duplo necessário, o privado, e os pontos de contato entre ambos os mundos, os modelos de fricção (a justiça e a moral). Assim, no mercado e na academia, quando se estabelece, o *polemos* acontece de modo que uma *fratria* responda à outra, e esta, por sua vez, apresente seus argumentos em resposta à

---

[6] Palavras gregas que deram origem a "fraternidade" e "polêmica". [N. dos T.]

primeira. Quando os argumentos não bastam (os argumentos nunca bastam), geralmente a discussão passa para outra cena. Mas, em vez de se tornar mais interessante (todo deslocamento deveria implicar também um desvelamento), reduz-se a suspeitar das razões da discussão (compreendida agora como ataque). A *fratria* em questão desvela – agora sim – seu caráter de associação ilícita, seu comportamento se torna faccioso (luta pela sobrevida de suas conquistas e regalias), e até a fraca noção de argumento é abandonada por ser arriscada demais. A comunicação sempre impõe o triunfo de uns sobre outros.

    A comunidade inoperante se subtrai de ambos os polos: rechaça o público e abomina o privado; funciona na linha de fuga do porvir; suspende a argumentação, rejeita a comunicação, já que *fratria* e *polemos* seguem juntos: seu pertencimento à *fratria* é imaginário. Ela é composta por seres que pertencem à comunidade dos que não têm comunidade; nenhuma fala universal representa sua voz, mas, ao contrário, ela expressa a fala da multiplicidade de solitudes. Estabelece o *polemos* como sua forma de ser no mundo, por isso não lhe interessa ganhar discussões (nega a noção de vitória), mas somente apresentar o dom do indeterminado, o dom da literatura; o *polemos* como luta de interpretações errôneas (imaginar é mal interpretar) entre membros de uma comunidade imaginária. A literatura de esquerda não busca ser reconhecida, mas questionada: se dirige, para existir, até um outro que a ponha em xeque, e inclusive a negue. Essa situação de *polemos* e *fratria* a torna consciente de sua própria impossibilidade, de sua inoperância, de seu pertencimento a uma comunidade imaginária.

    Em nosso presente, nesta cidade, esses fatos já ocorreram. A literatura de esquerda se expressa numa comunidade inoperante

– esse espaço invisível existe. Do contrário, o que está acontecendo, o que é visível, é a crise dos espaços hegemônicos: a academia e, especialmente, o mercado. Existe já algo de anacrônico em vários parágrafos deste ensaio, algo que cheira a envelhecimento precoce, a um fora de contexto. Qual o sentido de questionar o mercado enquanto ele se desintegra bem diante de nosso nariz? No entanto, escrevi *crise*, palavra usada habitualmente pela fala ordinária para definir situações assim. Na *doxa*, a crise é descrita como um fenômeno que vem de fora, como um acidente climático, um desígnio da natureza ("o país em chamas"). Seja como for, a crise econômica, social e política questiona seriamente a existência de um mercado literário. As editoras se vendem a *mega holdings* que aplicam uma política literária baseada no êxito imediato, os prêmios literários desapareceram ou desinflaram (pagam menos), as livrarias estão cheias de liquidações, os escritores tentam a sorte na Espanha ou onde podem. É desanimador ver os mesmos escritores que apostaram no mercado agora maldizendo sua sorte ao serem rejeitados pelas mesmas editoras que antes os publicavam (seguem escrevendo literatura de mercado para uma sociedade que destruiu o mercado). O mesmo, só que em menor medida, acontece com a academia. Se alguma tensão atravessou a academia na última década foi a de pensar-se como o último baluarte do público, como a matriz da excelência intelectual e, por que não, moral. Agora, pauperização e temor parecem ser os termos do novo contrato. Que literatura emergirá dessas ruínas? Como fará a academia para reconstruir a triste autoridade de sua voz? Como fará o mercado para satisfazer as novas demandas? Uma coisa é certa: a literatura de esquerda não deveria reconfortar-se com essa situação. A crítica ao mercado e à academia não pressupõe a implosão de ambos os espaços, mas a busca de outras zonas discursivas, de efeitos políticos impensados, de escritas imprevisíveis. Pressupõe algo além do realmente existente.

Contudo, a vontade, desde a instalação da democracia em 1983, de construir um mercado literário potente e uma academia com pretensões investigativas, deveria ser objeto de alguma reflexão. Ao mesmo tempo que o mercado e a academia se destroem, ao mesmo tempo que a crise arrasa com tudo, já se escutam as vozes que clamam por sua reconstrução. Como se essa experiência limite não permitisse também pensar no limite, pensar de outro modo. Reconstruir o mercado (como reconstruir a democracia) passou a ser uma consigna do progressismo. Aqui o progressismo literário (mas também político) mostra toda sua dimensão conservadora, sua pulsão pela normatividade. O que propõe é "refundar", mas dessa vez "a sério" (refundar a democracia e sua instituição mãe, o mercado) e, tendo em conta a relação de forças (isto é: a derrota cultural do progressismo), tudo indica que essa pulsão refundadora se transformará na ponta de lança aglutinante de sua própria dispersão.

Recordo agora uma anedota significativa. Quando começaram os primeiros piquetes em Cutral Có, em 1997, Mariano Grondona teve curiosidade pelo movimento e descobriu, com entusiasmo, que os piqueteiros eram seres humanos que não queriam ser excluídos da sociedade (inclusive muitos deles eram docentes). Recordo que disse algo mais ou menos assim: "antes, nos anos 70, os movimentos sociais radicalizados buscavam derrubar o poder, tomar o controle da sociedade. Agora o que buscam é integrar-se a ela, não cair fora". Não vale a pena discutir com Grondona (deixo isso nas mãos de nossos filósofos midiáticos), a falácia de seus argumentos cai por si só. Mas quero constatar o seguinte: essa mesma vontade de integração, de não cair fora, esse medo de sobrar excluído de algo que já não existe, guia o discurso progressista atual sobre o mercado e a academia. Com certeza: em termos de gestão cultural e até no plano laboral (no qual me incluo) parece bem difícil viver – por enquanto – sem o mercado e a academia. Desse ponto de vista, a crise é devastadora. Mas a literatura de esquerda é indiferente a essas questões. Enquanto o progressismo literário sonha com a *restauração*, os membros da comunidade inoperante descreem da literatura como bem cultural, simplesmente porque descreem da cultura. É evidente que a democracia não tem relação direta com a literatura.

Fim do desvio. Volto ao tema, se é que isso é possível: o romance como café com leite. Pode-se dizer, com razão, que hoje a xícara de café com leite é uma citação irônica de "A condessa saiu às cinco", a frase fundante da literatura moderna. Barthes definiu essa frase como "a expressão de uma ordem", isto é, a ideia de que a língua do romance moderno – e seu tempo necessário: o pretérito perfeito – implica a criação de um mundo homogêneo, de uma temporalidade ascendente, de uma ordem simbólica. Mas não. Não é uma citação irônica (isso já fez Cortázar no começo de *Os Prêmios*)[7]. Ao contrário: é de verdade. Quero dizer: a literatura argentina contemporânea retorna com seriedade ao café com leite, retorna como se nada tivesse passado, como se não tivesse ocorrido nenhum corte epistemológico entre a época em que as vacas davam leite (os anos 60) e o agora (que já não dão nem sombra).

[7] CORTÁZAR, Julio. *Os Prêmios*. 1ª ed. Trad.: Glória Rodríguez. São Paulo: Civilização Brasileira, 1975.

De Kuhn a Foucault, da noção de paradigma à de episteme, sabemos que não há progresso na história, mas uma série de cortes, de descontinuidades sociais que impedem uma avaliação moral dos fatos: não há épocas melhores que outras, não há crenças mais avançadas que outras. Nesse contexto, é fácil então dar este passo equivocado: não existem estilos melhores que outros. O café com leite não é pior que qualquer outro estilo. No entanto, sabemos também que existem sociedades mais tolerantes que outras, épocas mais abertas e mais fechadas (apesar de seu descontinuísmo, Foucault se aborrecia com a modernidade, e a Antiguidade grega lhe interessava), crenças democráticas e outras fundamentalistas. Portanto: nem todas as decisões de escrita têm o mesmo valor. A volta ao café com leite não é um retrocesso, pois a literatura, como a história, não retrocede. Ao contrário: é um avanço. Um avanço do discurso conservador, dos valores mais convencionais, das ideias mais gastas, das estratégias mais calculadas, dos riscos menos tomados.

Prometi, no início, não fazer um recorte histórico dos anos 60 até o presente. Não quero quebrar a promessa, apenas vou traçar um mapa (ultra-veloz, incompleto, *grosso modo*, mas que devo realizar para explicar os efeitos conservadores do café com leite) da literatura argentina das últimas décadas.

Nos anos 80 um grupo de escritores (Libertella, Fogwill, Aira, e mais alguns poucos) impuseram um cânone (entendido, no entanto, como um contra-cânone) totalmente inovador para compreender a literatura argentina (na realidade, como pioneiro, Libertella o vinha fazendo desde os anos 70). Esse cânone (diverso, heterogêneo, às vezes contraditório, e que muito aprendia a revista *Literal*) incluía escritores como

Osvaldo Lamborghini, Néstor Sánchez, Puig, mais tarde Copi, quem sabe também Zelarayán, e ainda mais tarde Perlongher, Viel Temperley e, com muita boa vontade e vento a favor, também Saer. Com certeza também a desafortunada Pizarnik. Essas leituras permitiam desfazer-se do mais trilhado nos anos 60 (do realismo mágico a Cortázar), o que Libertella em seu *Nueva escritura latino-americana* (de 1977) misteriosamente chamava "romances de criação", para instaurar outra literatura que, segundo também Libertella, funcionava "por deslocamento". Que deslocamento é esse? De Puig a Lamborghini, o que acontece é a criação de um relato e, ao mesmo tempo, a suspeita desse relato. A literatura desloca-se até suspeitar das condições de produção textual do próprio texto. Texto que narra (inclusive nos poemas de Perlongher e de Viel Temperley) sob o mandato da dúvida, da indeterminação, do temor pelo acabamento: e que por sua vez corrói, perfura a sintaxe e sonha estilhaçá-la em pedaços. Esse cânone também permitiu remover a herança direta dos anos 60: o realismo vulgar e de voo baixo, que retomava Cortázar, mas também Sábato e inclusive Marechal (Abelardo Castillo, para darmos um nome, a poesia costumeira de Gelman, para dizermos outro, e mais tarde – mesclado com vá saber qual leitura do minimalismo – Andrés Rivera, para darmos outro nome).

De fato, o que impuseram Libertella, Fogwill e Aira foi, sobretudo, uma nova forma de ler a literatura dos anos 60, 70 e até princípio dos 80 (basta recapitularmos velhos artigos de Aira, como "Novela Argentina: nada más que una idea", publicado em 1981 na nauseabunda revista *Vigencia*). Esse cânone impôs uma leitura nova da literatura argentina, uma releitura na contracorrente de sua própria tradição (e aqui "nova" tem valor de novidade). A constituição desse novo cânone implicou um antes e um depois, um corte epistemológico que inclusive serviu para erodir (já que é impossível derrotar) o Grande Cânone Nacional: Puig serviu para delatar contra Borges, Lamborghini contra a direita literária e Néstor Sánchez para criar uma nova tradição urbana pós-arltiana[8]. Do ponto de vista literário, esse cânone obteve efeitos como nenhum outro (os efeitos de Borges não são literários, são culturais). Com certeza, ao instalar esse cânone, se instalam também seus propiciadores: Libertella, Fogwill e Aira escreveram o mais interessante da literatura contemporânea (tenho a impressão de que o que fez Aira com a literatura argentina, a reformulação radical que sua obra implica, é algo difícil de avaliar).

Imediatamente depois, de um modo quase contemporâneo, talvez sob sua sombra, outro grupo de escritores adotou o contra-cânone e o estabeleceu como cânone *tout court*[9]: os escritores da revista *Babel* (peço desculpas pela generalização: é odiosa. E em parte falsa, como demonstram as estéticas e trajetórias divergentes e até antagônicas de seus membros). Em meados dos anos 80 alguns escritores, de Guebel a Bizzio, passando por Chefjec, adotaram o novo cânone, adotando também Libertella, Fogwill e Aira. A vida literária tão à sombra do *power trio* foi difícil, pois eles também saíram airosos: ninguém pode negar a importância de romances como *Cinco* ou *En esa época*. Resta ainda Guebel: é absolutamente inadmissível que a crítica – e os escritores – não registre a radicalidade de romances como *Matilde, El Terrorista* e *El Perseguido*.

---

8 Referência ao escritor argentino Roberto Arlt (1900-1942). [N. dos T.]
9 Expressão no francês que significa "sem mais", "simplesmente". [N. dos T.]

Nessa altura, algo era evidente: a literatura do café com leite tinha sido evacuada. A decadência do realismo vulgar, das heranças de Cortázar e Sábato, do romance histórico convencional, era o dado sobressalente e bem-vindo a este estado do mapa. Mas a reação não tardaria a chegar.

Mas antes uma coisa. Essa é minha ideia de política literária: ali onde há um cânone, há que se posicionar contra ele, qualquer que seja o cânone. Não se trata de trocar um paradigma por outro, mas de derrubar a própria ideia de paradigma. Se, para mim, há algo de interessante na literatura, é porque ela permite derrubar as hierarquias. O assunto reside na maneira como se posiciona contra um cânone, com que valores, de qual lugar. Pode-se fazer uma crítica ao terror revolucionário do interior do próprio desejo de revolução ou pode-se tornar um De Maistre. A acusação contra o novo cânone, contra seus propiciadores e contra sua herança recente é aceitável (e até imprescindível). Lamentável é a forma como se levou isso a cabo, defendendo quais valores, qual ideia de escrita. Indo direto ao ponto: buscou-se sair de Puig-Lamborghini-Néstor Sánchez-Libertella-Fogwill-Aira-Guebel para se reinstalar o café com leite. Incrível, mas real – eis os fatos. A reação, portanto. Primeiro a dos *jovens midiáticos*: mesclando o jargão do rock e a crença de que Bob Dylan é o grande poeta norte-americano vivo (suponho que nunca ouviram falar de John Ashbery, muito menos de Michael Palmer ou Bob Perelman), com influências que vão de Soriano ao realismo sujo, e propagando a curiosa certeza de que entre o jornalismo e a literatura há só um passo, até meados dos anos 90 a reação ao novo cânone veio de escritores mais ou menos jovens, que fizeram da "faminha" pessoal seu tema literário. *Midiáticos*, no sentido de que é quase impossível separar seus textos da construção de sua imagem pública, já que eles mesmos arvoraram algo mais ou menos como "não leiam meus textos, leiam nossa atitude": a literatura convertida em comunicação. Certamente, como sabemos que não leem poesia, é pertinente supor que não conhecem esta frase de Auden: "Todo escritor preferiria ser rico a pobre, mas nenhum escritor autêntico se preocupa com a popularidade propriamente". De esquerda política – próximos ao progressismo ou ao menos escrevendo em seus meios –, na realidade encarnavam a oposição perfeita ao menemismo[10]: questionavam a estética menemista sem questionar (pelo contrário: tirando proveito, capitalizando) o substrato em que se baseavam os anos 90: a ideia de êxito no mercado, a midiatização, as fórmulas publicitárias, os posicionamentos e reposicionamentos da imagem corporativa.

Certamente, deve-se reconhecer algo: eles fizeram ruído. Jogando por diversão com a língua da neovanguarda pop, dando a seus livros títulos como *Historia argentina*, *Frivolidad* ou *Chica fácil*, rapidamente encontraram seu lugar ao sol, e sua literatura – por algumas horas – até parecia desafiante e elevada (em termos de *marketing*, isso se chamava "uma estratégia agressiva": um produto novo que não busca ocupar um nicho vazio, senão claramente criar um novo nicho; não mais responder a demandas insatisfeitas, mas simplesmente criar novas demandas). Assim como nos anos 90, a academia também iniciava sua virada canônica (entravam Libertella, Fogwill, Aira e, por trás deles, o novo cânone), os jovens midiáticos tornaram-se a cara do novo mercado literário (e não só

---

10 Referência ao ex-presidente argentino Carlos Menem e às políticas por ele adotadas durante seu governo, que durou de 1989 a 1999. [N. dos T.]

literário) que estava sendo criado na Argentina dos anos 90. Tornaram-se a imagem de uma literatura poderosa, encarnaram a revolução produtiva da literatura argentina.

Certamente, como acontece com o *pop*, as coisas envelhecem rápido. No entanto, a boa literatura não envelhece: não há nada escrito até hoje que seja mais atual que *Ilusões perdidas*, de Balzac. Mas quando a literatura adota as formas do *pop*, adota também seus modos. O realismo sujo acabou se tornando apenas uma manchinha, e o mercado entrou em crise. Ao mesmo tempo que os efeitos culturais e midiáticos de sua aparição aumentavam, a potência literária de seu desafio ao novo cânone se tornava muito fraca. Rapidamente foi demonstrado que a falta de talento literário e de formação estética os impediria de instaurar uma nova ordem. Estava claro que não dava para colocar Bret Easton Ellis contra Lamborghini, Stephen King contra Puig. Havia nisso uma ambição desmedida.

Quando tudo parecia desinflar (quando o êxito midiático não dava conta de encobrir sua insuficiência literária), estava por chegar o pior. Pelo menos os *jovens midiáticos* encarnaram a literatura do café com leite com certa alegria. Havia entre eles certo descaramento – comum ao *pop* –, certa ideia interessante de que no fundo a literatura não é assunto muito sério. Em última instância, seus sonhos não eram estritamente literários e sua aspiração se projetava no mundo dos *rockers*: sonhavam estar numa suíte do Hilton, com centenas de fãs lá embaixo gritando seus nomes em coro; sonhavam viajar e que lhes pagassem para escrever; sonhavam com uma rebeldia *fashion*.

Contudo algo estava por nascer. Outro monstro estava por chegar: *os jovens sérios*. Nada mais do mundo *pop* com seus excessos, sua frivolidade, sua ligeireza. Mas agora a seriedade, o rigor, a sobriedade: o mesmo, só que um pouco mais digerível. Acontece que os *jovens midiáticos*, como os *Backstreet Boys*, saturaram rapidamente. Se o mercado necessitava de algo no final dos anos 90, era criar sinais de mudança para a época: adeus ao êxito menemista em evidência, olá a outro tipo de reconhecimento mais elegante, apolíneo, previsível. De fato, os *jovens sérios* adotaram o mesmo desprezo pelo novo cânone e obtiveram a mesma indiferença por parte da academia. Enquanto o mercado lhes rendeu não o *marketing* editorial nem o contrato renovado no suplemento cultural (embora também lhes tenha rendido isso), mas sim seus prêmios literários, suas reportagens na revista dominical de *La Nación*, um posto de jurado nos concursos literários, seu cartaz nas livrarias da Avenida Santa Fé: enfim, uma vida tranquila. Mais do que uma ruptura com os jovens midiáticos, os jovens sérios operam quase uma correção. Pelo menos no mundo do *pop* havia algo de excesso (planificado até o cansaço, repetido até tornar-se oco). Por outro lado, no mundo da seriedade só há convencionalidade e ausência de risco.

Mas é claro: a escrita é o que realmente importa. Antes das consequências do ponto de vista do mercado (o mercado oscila: rapidamente passa o momento da seriedade), importam os efeitos de escrita que os jovens sérios parecem instaurar. É aí que reside a calamidade técnica de seu êxito cultural: propor a reinstalação do mais retrógrado da tradição literária argentina: aqui, uma volta ao neoclassicismo (de Sara Gallardo a Bioy Casares), ali, ao conto mecânico escrito sob o modelo vulgar introdução-desenvolvimento-desenlace (de Abelardo Castillo a Liliana Heker); além, um toque no vácuo do compromisso social (de Mempo Giardinelli a Cortázar); mais distante, um recurso à novela histórica exemplar (de Andrés Rivera a Saer de *Las nubes*); mais próximo, uma homenagem ao romance policial esvaziado de sua tragédia (de Soriano a Vicente Battista). De *La mujer del maestro* a *Filosofia y letras*, de *Inglaterra* a *Los impacientes*, passando por *Histórias de homens casados*[11] e *Tesis sobre un homicidio*, os jovens sérios propõem a sensatez como valor literário supremo. Quem quer que leia qualquer um de seus romances ou contos não encontrará ali excesso algum, nenhum desperdício, nenhum momento de incômodo, nada a lastimar; nesse mundo não há lugar para a violência, para o conflito, nem sequer para o erro. Sua verdadeira epistemologia é o falseacionismo: a obsessão pelo cuidado da coerência interna da narração como garantia de rigorosidade.

Acontece que a literatura dos jovens sérios é um retorno à literatura entendida como *belles lettres*, uma literatura em nome do bem, do justo, do belo. Um retorno à literatura de ideias, feito quase elogiável hoje em dia, se as ideias que retornam não fossem as mais gastas, as mais convencionais: o *full mainstream*. Marcada a ferro e fogo por uma visão positivista, a literatura dos jovens sérios exclui o paradoxo, o *nonsense*, o inacabado, os contatos subterrâneos. É como a teoria das catástrofes ao contrário: não que o bater das asas de uma borboleta possa provocar uma tormenta, que a uma causa sucedam múltiplos efeitos, nem que um efeito possa ser produto de diversas causas; não que um grande efeito seja produto de uma pequena causa nem que uma grande causa possa produzir efeitos pequenos. Não, nada disso: a uma causa, um efeito. Plim, a caixa e a surpresa (como diria Sigfrid: "No caos não se faz piadas...").

---

[11] BIRMAJER, Marcelo. *Histórias de homens casados*. 1ª ed. Trad.: Miguel Castro Caldas. São Paulo: Editora Planeta, 2006.

Porém existe algo nessa encruzilhada conservadora de certo interesse. Um núcleo que funciona como *analisador*, como obstáculo: a convicção de que *há algo a ser feito* com o novo cânone e seus herdeiros. A percepção de que a potência literária dessa narrativa (e o poder cultural de sua consagração como cânone) ocupa toda a paisagem, esgota todo o sentido. A intuição de que a Aira e a Fogwill, a Lamborghini e a Copi, tudo saiu excessivamente bem. Acontece que, sem sabê-lo, e relutantemente, a escrita dos *jovens sérios* informa sobre o estado político das coisas hoje em dia: o que antes foi subversão hoje funciona como norma; o que alguma vez foi transgressão hoje ocorre como paradigma; o que foi busca hoje acontece como resultado. Mas pelo bom diagnóstico se guiou a pior medicina. É como se a literatura dos *jovens sérios* dissesse: "O novo cânone está a ponto de converter-se em norma? Então, voltemos à norma pura e dura".

Quero dizer: os jovens sérios nos ajudam a perceber que não se trata nem de Lamborghini, nem de Copi, nem de Perlongher e muito menos de Puig. Ou seja, que nos efeitos literários contemporâneos dessas escritas resta muito pouco de fragilidade, de contra-poder, desafio, mal-entendido. E que, ao contrário, em seus efeitos atuais – exceto em poucos casos – só há academia, mercado, jornalismo, nota de rodapé, mesa redonda. Ao invés de levar a cabo uma crítica radical dessa constatação, de explodir em picadinhos o novo cânone, de atravessá-lo, de ir mais longe (ou ao menos de suspeitar desse cânone, de sussurrar seu mal-estar), os jovens sérios propõem *o retorno dos mortos vivos*, a miséria da sobriedade, a cinzenta sensatez.

Certamente: essa cartografia não esgota todas as possibilidades nem todas as variantes existentes (nem seria preciso dizê-lo). Há escritores – também nascidos nas décadas de 60 e 70 – que não se encaixam nessa descrição. Existe um além dos *jovens midiáticos* e dos *jovens sérios*. Existem outras literaturas que estão deixando para trás a angústia das influências. Que superam a dificuldade de encontrar uma narração que escape ao peso do grande cânone – *à sua pesada herança* –, à potência literária de seus herdeiros e propagadores; uma narração que não se converta em mera reprodução ou pura e simplesmente em epígono. E que, por isso, não sucumba à política do café com leite, à reposição da literatura argentina em seu estado banal, ao humanismo sensato dos dias que seguem.

Resolver o segundo problema é mais simples que resolver o primeiro. Não cair no retorno à sobriedade, no realismo oco e na rigorosidade falsa não é tão difícil. Mas, que fazer com o novo cânone? Que fazer com Libertella, Fogwill, Aira? É necessário percorrê-los pela esquerda. Trata-se de uma literatura que escreve com Lamborghini contra Lamborghini, com Puig contra Puig, com Néstor Sanchez contra Néstor Sanchez. É necessário demonstrar que a literatura de Libertella é pouco hermética, que a de Fogwill é pouco sociológica, que a de Aira é pouco lenta. Não se trata de ignorar o novo cânone, de fazer como se nada tivesse acontecido. Ao contrário, é necessário anotar, anotar devidamente o ocorrido, e depois investir contra ele, atravessá-lo, quebrar seus textos como se quebra a banca do cassino: o que acontece com quem quebra a banca? É expulso. Obviamente expulso da literatura do café com leite (mais do que expulso: nunca foi aceito), e, por sua vez, expulso do novo cânone; não por ignorá-lo, por fazer de conta que o novo cânone não existe; mas por tornar-se anômalo também para ele, tornar-se inadmissível, pouco confiável, um desviado.

Esse *sem lugar* é o local da literatura de esquerda, nele a comunidade inoperante imagina. É a partir desse sem lugar que fala o escritor sem público.

A CRISE DE DENTRO

I

Uma frase de Paul de Man: "No que diz respeito à ficção, o trabalho da tradução envolve um sofrimento da língua original". Porém o que ocorre quando a ficção se escreve já em outra língua como tradução da língua original? Quando a ficção se escreve em uma língua estrangeira porque a língua original não atinge, não é suficiente? Nesse caso, mais que um sofrimento, a ficção submete a língua original a um estado de vacilação, de gagueira, de paradoxo. A um exílio permanente, à dúvida sobre a própria noção de original. Na Argentina essa experiência atende por um nome: Copi.

É possível encontrar toda classe de anedotas na biografia de Copi para entender sua passagem para o francês: o desenraizamento familiar, o relativo êxito que obteve como cartunista desde sua chegada a Paris. No entanto, pouco importam as razões. Importam os efeitos dessa decisão, os alcances dessa passagem. Na realidade, a resposta reside na ausência disso mesmo que acabo de dizer: na ausência de uma passagem. Copi inicia sua ficção em francês. *O Uruguaio*[12] já é escrito nessa língua: não há nenhuma passagem de idioma (Copi não é Beckett indo e vindo do inglês ao francês, nem Nabokov abandonando o russo), o que há é simplesmente um início em outra língua, a marca de um afastamento sem retorno. Assim começa *O Uruguaio*: "Querido mestre: sem dúvida o surpreenderá receber notícias minhas de uma cidade tão distante como Montevidéu". Logo de entrada, nas primeiras linhas de seu primeiro texto de narrativa, Copi marca uma distância intransponível: está distante. Está em outra cidade. Escreve do estrangeiro, de outra língua.

Deleuze aponta uma definição de literatura que nunca deixo de citar: "o escritor inventa na língua uma nova língua, uma língua estrangeira" (agora que a França já não exerce nenhuma influência sobre nós, quem sabe não seja o momento de citar novamente os franceses; só agora se tornou realmente esnobe citar um ensaísta francês). A literatura seria a invenção de uma língua dentro da língua. O assunto da literatura não reside então em narrar ajustadamente, criar personagens identificáveis, armar tramas eficientes, resolver finais, capturar o leitor, decifrar um enigma. O assunto da literatura é lidar com a linguagem. Perfurá-la. Logo Deleuze avança com a ideia de que a literatura faz delirar o idioma, o faz gaguejar, transtorna-o. No entanto, o que realiza Copi vai muito mais além: não inventa uma língua *dentro* de uma língua, inventa uma língua *a partir de* outra língua. Inventa uma língua – o idioma argentino de Copi – à distância, de fora, de outra língua, de seu francês.

---

12 COPI. *O Uruguaio*. 1ª ed. Trad.: Carlito Azevedo. São Paulo: Editora Rocco, 2015.

Para Copi, perfurar a língua implica encontrar essa passagem para a exterioridade, a exterioridade como experiência literária.

Este é o momento em que a sociologia não basta, é incompetente, insensível. Não consegue definir essa experiência segundo uma topografia do campo literário (à margem), por seu lugar na escala social (subalterno), por sua aparição no calendário (nova), nem pelo risco social que implica (subversivo). Para acessar o tipo de experiência que propõe Copi é necessário construir uma teoria da linguagem. Da linguagem como mito argentino.

Queiram me desculpar, mas quis utilizar a palavra mito em sua acepção cotidiana, em seu uso corrente: mito como engano. Quais são os mitos que constrói Copi? Dois: a exterioridade e a Argentina. Cada mito encaminha o outro, cada uma dessas posições funciona por subtração e contraste: a exterioridade implica a soma da literatura de Copi menos a Argentina e, ao mesmo tempo, se encaminha necessariamente a ela. A Argentina supõe sua literatura sem a exterioridade e, por sua vez, a pressupõe. Não que ambos os mitos sejam intercambiáveis (pelo contrário: fica muito mais claro quando Copi se apoia em um ou em outro), mas eles funcionam como uma espécie de *doppelgänger*, de duplo fantasma, de gêmeos siameses: uma cabeça, dois corpos.

Já que mencionei os fantasmas, é hora de invocar o grande fantasma da literatura nacional, que obviamente anda rondando estas ideias: Borges. Daria a impressão de que o que venho dizendo sobre Copi não seria mais do que uma versão – mais ou menos esquemática – sobre o tema do escritor argentino e da tradição. Copi: o escritor que levou tão a sério a ideia borgeana de que nossa tradição é a tradição ocidental, que diretamente passou ao francês. O escritor que se apropriou do idioma da literatura universal. Mas não, esse não era Copi (esse é Bianciotti, coitado...).

Um rápido comentário sobre ¡*La pirámide!*, sua melhor obra de teatro, deverá permitir-me esclarecer um pouco este imbróglio. Na obra, uma rata argentina se encontra presa em uma pirâmide Inca, em meio a uma série incrível de conspirações entre uma rainha cega, a princesa, um jesuíta, uma vaca, um vendedor de água, e o povo ameaçador e faminto. Em meio a uma miséria assustadora – come-se desde óculos até um Cadillac – a rata é o objeto de disputa alimentícia dos anfitriões. O único desejo da rata é voltar a Buenos Aires; tenta defender-se declarando-se poeta, buscando toda forma de alianças, mas fracassa. A rata morre, enquanto que a rainha, a princesa e o jesuíta empreendem uma viagem a Buenos Aires montados na vaca. A obra termina com o fantasma da rata trabalhando como guia para turistas que desejam conhecer a velha lenda da pirâmide, e recitando um curto monólogo. Esta é sua parte final: "Apenas suas sombras caminham por esta pirâmide. Mas são só sombras. Eu fui bibliotecário antes de ser guarda de museu, e graças a minha educação, tenho uma sensibilidade especial que me ajuda a suportar meu desassossego frente à monotonia da minha existência. Entre duas voltas ao redor da pirâmide, imagino a vida dos que a habitaram no passado. Sinto-me assim o proprietário de um passado que, de outro modo, não me diria grande coisa. Porém é hora de fechar. Vou me deitar".

¡*La pirámide!* é a história de alguém que quer voltar e não pode. A história de uma impossibilidade. E de onde quer voltar? Desse lugar "tão distante" fundado em *O Uruguaio*. O que vai de *O Uruguaio* até *¡La pirámide!* é o caminho percorrido entre uma distância inaugural, um afastamento inalcançável, e o retorno fracassado, igualmente inalcançável. Sigo com Borges: se Copi joga com pertencer à tradição ocidental não é através da troca de língua, senão por meio da causa da estratégia narrativa da distância, do afastamento, da exterioridade, deste fora radical. Entretanto, o que ocorre? Copi, o exitoso na França, aquele que reverencia a tradição europeia, mimado pelas mentes vanguardistas (as de lá e as de cá), aquele que se foi: num só golpe escreve uma obra sobre o regresso, escreve sobre a necessidade de voltar à exterioridade, e sobre a impossibilidade desse retorno. Tudo ocorre como se Copi houvesse seguido o mandato de Borges e um dia houvesse dito: "eu já disse, já estou na cultura universal, agora quero voltar".

Muito se escreveu – eu mesmo já o fiz – sobre certas literaturas como jogos de guerra antiborgeanos: Puig, Osvaldo Lamborghini, Néstor Sánchez, talvez Saer e Fogwill (mas não Aira que, para dizer em termos bem locais, tem um conflito não resolvido com Borges). Muito também se escreveu sobre a influência destas literaturas entre vários dos mais interessantes escritores nascidos nos anos 50 e somente alguns poucos dos nascidos nos anos 60 (a geração *Babel*, e a seguinte). Muitas vezes também se incluiu Copi nesse grupo. Mas não. A literatura de Copi não é antiborgeana, é uma literatura pós--borgeana. Diferentemente da de Lamborghini, Sánchez, Fogwill ou Saer, a literatura de Copi não se posiciona contra a de Borges, simplesmente (como se fosse fácil) se situa em um depois, em outro território, como se já conhecesse o final da história: a rata não pode voltar e se vê no fim entregue à sua vida monótona.

O mito, finalmente. Se ¡La pirámide! nos tem algo a dizer, é que a cultura ocidental é um mito, um engano, uma monotonia. Borges lido através de Copi: um escritor *kitsch*. Porque a cultura universal assim descrita é *kitsch*, ultrapassada, carente de novidade, um museu (a pirâmide termina convertida em museu, etc.).

O mito, novamente. Se algo mais nos tem a dizer ¡La pirámide!, é que uma vez instalados na cultura ocidental não há retorno possível, que voltar leva sempre ao fracasso, que o regresso é um mito, que o lugar ao qual se retorna – a tradição argentina – já não existe (caso alguma vez tenha existido) e, portanto, sua existência não é autêntica, é falsa, *kitsch*.

Os mitos, juntos: a exterioridade e a Argentina. A literatura de Copi é a escritura da exterioridade e da Argentina como impossibilidades. Copi: o grande escritor pessimista da literatura argentina. Porém, o que é impossível, a literatura, a exterioridade, ou a Argentina?

II

Uma frase de Lyotard: "Não posso acender o fogo, não conheço a oração, já não sei como encontrar o local na floresta, já nem sequer sei contar a história. Só o que sei fazer é contar que já não sei relatar essa história. E isso deveria ser suficiente". E logo acrescenta: "Celan 'depois' de Kafka, Joyce 'depois' de Proust, Nono 'depois' de Mahler, Rothko e Newman 'depois' de Matisse; os segundos, incapazes de serem os primeiros, que tenham sido ao menos suficientes em dar um testemunho negativo de que a oração é impossível e também a história da oração, e que segue sendo possível o testemunho dessa impossibilidade". A que referem "testemunho negativo", "testemunho dessa impossibilidade"? À noção de crise.

Crise econômica, crise política, crise de laço social: tudo ocorre nos meios – e seguramente também no imaginário social – como se a crise houvesse chegado de repente – a crise como terremoto –, sem aviso, incógnita, como *uma visita inoportuna*. Quem sabe esta situação se explique através da estranha suposição de que a sociedade, a economia e o laço social tendem à estabilidade, à previsibilidade, à duração. Ninguém espera que a sociedade viva em crise permanente. Pois bem: a literatura o faz. A literatura e a arte vivem em crise permanente. Fazem da crise – do risco de extinção – sua razão de ser. A arte e a literatura expandem a crise para além de suas fronteiras, colocam a linguagem à prova, politizam as zonas do discurso que, *a priori*, parecem não-políticas ou politicamente neutras. Fazem do fracasso o seu passatempo favorito.

O que define a *literatura de esquerda* é que ela sabe que pode fracassar.

Em *La nueva pobreza en la Argentina*, o sociólogo Gabriel Kessler propõe a metáfora da queda como nó central em que os novos pobres definem sua situação. "Vamos caindo", dizem, e o primeiro efeito da queda é material, tangível. Escreve Kessler: "Nos novos pobres provenientes dos setores mais baixos se detecta, no começo inadvertido da queda, inversões de arranjos em casas que foram feitas pela metade, televisores, geladeiras e outras coisas compradas em prestações que não chegaram a ser pagas". A queda adquire várias formas, mas há a mais terrível de todas: o colapso. O colapso se caracteriza pela "impossibilidade de saber o que lhes sucedeu". As coisas terminadas pela metade, mal feitas, a queda, o colapso: todos conceitos que instaura a literatura de esquerda.

Essa literatura se assume nesta precariedade, nesta falta de término, neste mal feito: vem com a poeira e a sujeira incorporadas, não conhece a *politesse*, detesta a sedução: seu modelo epistemológico é o *PacMan*, corrói por onde passa, não serve para fazer amigos; pensa, como Paul Valéry, que o mais profundo é a pele. Diferente da ordem social que pretende que as coisas andem bem, que a casa seja terminada, que o televisor funcione, que a eficiência reine, a literatura de esquerda está sempre próxima de dar um passo em falso, a ponto de cair; e quando o consegue, quando cai, o faz de maneira altiva, com graça, elegância e ironia; faz desse excesso seu ganho de energia, seu desatino vital.

Grande parte da literatura argentina contemporânea não conhece o fracasso porque não conhece o risco. Na última década, os mesmos valores que desejou a sociedade, também desejou a literatura argentina: o êxito, a ascensão, os bons modos, a eficiência, o efeito de curta duração, a possibilidade de que a linguagem cumpra uma função comunicativa. A literatura propôs uma relação complacente com a linguagem, a primazia da trama (como se houvesse temas mais interessantes que outros), a busca por romances bem escritos (o mesmo que buscam os alunos quando escrevem monografias), uma visão burocrática do conto (introdução-desenvolvimento-desenlace). A literatura argentina se tornou literatura da conversibilidade: uma palavra igual a um sentido.

Salvo em situações revolucionárias, sempre é decepcionante quando a literatura encarna os mesmos sonhos da sociedade. Muito mais quando essa sociedade é a argentina, de sonhos tão oscilantes. Para dar um exemplo quantitativo: um milhão de pessoas foi receber Perón em 1973, um milhão compareceu à marcha da CGT contra Galtieri em 1982, alguns dias depois um milhão foi apoiar a guerra das Malvinas; um milhão compareceu em 1983 ao encerramento da campanha de Alfosín e também um milhão ao ato de Luder; mais tarde um milhão foi ver Ricky Martin na 9 de Julho. Pois bem: eu estou absolutamente convencido de que é o mesmo milhão de pessoas.

Pedem-se nomes, claro. É possível assinalar alguns livros que fazem do risco do fracasso sua arte? Textos que avançam com seu fracasso, sua intrépida queda, e que, ao fazer, triunfam. Não estarei usando esses livros demasiadamente a favor da minha prosa? Não se sentirão ofendidos seus autores? Não terão a rápida necessidade de se afastarem de mim? Em todo caso: os textos que serão mencionados adiante não devem ser tomados como exemplos. A relação entre o exemplo e a teoria é sempre infeliz. Quando o exemplo é muito bom, não ilumina a teoria, apenas a torna opaca. Quando o exemplo é medíocre, a teoria o arrasa. Deveria então escrever teorias sem exemplos ou exemplos sem teorias. Ou – quem sabe seja o caso – fazer com que o exemplo e a teoria não se encaixem, se desacoplem, se revelem um contra o outro. Portanto, não há aqui uma teoria prévia que logo apoia-se no empírico para verificar-se, tão somente o que há é um arquipélago onde estão as pontes, mas sem as ilhas.

Então aí vai uma pequena lista, uma lista incompleta, entendida como um mero agrupamento casual, apenas como um *programa de leitura*, como a intuição de que ali se encontra algo como a condição material para um discurso forte sobre a literatura argentina contemporânea, ou sobre a relação entre literatura e crise, o que vem a ser o mesmo. Esse *work in progress* está bem ligado ao texto de alguns romances de Daniel Guebel, como *El terrorista* e *El perseguido*, e também romances como *El amor enfermo* de Gustavo Nielsen, *Santo* de Juan Becerra, *Versiones del Niágara* de Guillermo Piro, *Cinco* e *El llamado de la especie* de Sergio Chejfec, *¡Nítida esa euforia!* de Marcelo Eckhardt, *En esa época* de Sergio Bizzio, *Los cautivos* de Martin Kohan, contos como *El resorte de novia* de Sebastián Bianchi, ou poemas como *La Ruptura* de Ezequiel Alemian, ou os de *40 watt* de Oscar Taborda. Ou seja: textos diversos e muitas vezes contraditórios, porém escritos todos no espaço do risco do fracasso, como desafio a essa impossibilidade. Esse espaço não remete a uma semelhança de estilo (há um mundo entre a velocidade de Guebel e Bizzio e a lentidão de Chejfec e Kohan, ou entre o rigor de Taborda e a arbitrariedade de Eckhardt e Alemian), mas à possibilidade de levar a cabo uma literatura que não se faz crer. Leem-se esses textos e a pergunta que surge é: E então? Qual é o sentido desses romances, desses contos, desses poemas? Uma pista: são literaturas que não buscam *dar* sentido, mas que tampouco convidam ao *nonsense*; pretendem antes ir mais além: com algo de soberba, sonham em colocar em suspenso o sentido; sonham não com dar, tampouco com escapar, querem suspender, congelar. Marcam, mas não deixam pegadas.

Volto à literatura de esquerda. Temos que reconhecer: é uma ideia problemática, difícil de definir. Acontece que a dificuldade e o mal-estar são seus critérios. Também a fragilidade. O próprio da literatura de esquerda é a vulnerabilidade. É uma literatura inacabada, firma-se em um barco cheio d'água. Qualquer argumento mais ou menos razoável poderia rebater suas hipóteses sem muito esforço. O que sucede é que a literatura de esquerda desconfia dos argumentos razoáveis. Se a literatura de esquerda navega em um barco em vias de afundar, os argumentos razoáveis são suas boias salva-vidas. A fragilidade não é então sua essência, mas sim sua estratégia.

 Quero dizer: a literatura de esquerda não remete àquela realizada por escritores de esquerda, que passaram pela esquerda, ou que ainda se dizem de esquerda. Boa parte da literatura feita por escritores de esquerda é, em termos literários, conservadora, redutora, simplista. De esquerda não tem sequer sua relação com o mercado. Desde o *boom* até aqui, a imensa maioria dos escritores de esquerda adotam as posições mais meritocráticas, menos questionadoras da ordem estabelecida. Assim como os escritores conservadores, os de esquerda se vinculam ao mercado da mesma maneira que com os textos: de maneira normativa, convencional, cheios de golpes baixos. De outro modo, para a literatura de esquerda a situação é inversa. Se relaciona com o mercado e com o texto de uma só maneira: de maneira anti-hierárquica.

 Retomo a pergunta que Copi deixou pendente. Não é que a escrita seja impossível, mas sim que o objeto da literatura de esquerda é a impossibilidade. Esse impossível funciona como uma promessa, como um constante deambular, como uma demora. Copi: uma demora a 100 quilômetros por hora. Cito a descrição que Kessler dá ao colapso: "a impossibilidade de saber o que lhes sucedeu". Há aqui uma boa caracterização para a literatura de esquerda. Quando essa literatura ocorre, quando se leva a cabo, é impossível saber o que aconteceu (os saberes se dissolvem), se instala a confusão (não há parâmetros), se apaga o sentido (põe-se o sentido entre parênteses). Se há algo que se opõe à literatura de esquerda é a argumentação.

Posto em questão o sentido, surge a pergunta sobre a crença. Pode-se crer ainda na literatura? Por certo, *se pode crer?*, parece ser a pergunta destes dias: Em que crê a sociedade? Pode uma sociedade funcionar sob o duplo vínculo de crer e não crer em nada? No entanto, a pergunta precisa ser reformulada: A literatura dá a crer? Há um livro extraordinário chamado *O que vemos, o que nos olha* [13], de Georges Didi-Huberman, dedicado a artistas abstratos como Tony Smith, Robert Morris e Donald Judd. Em um dado momento do ensaio, Didi-Huberman descreve com precisão o projeto destes artistas: "Queriam inventar formas que pudessem renunciar às imagens e que impediam todo processo de crença frente ao objeto". Impedir a crença, uma meta da literatura de esquerda. Ou seja: a possibilidade de crer sob o modo da abstração.

A abstração não funciona por subtração, por eliminação (do real). Ao contrário, a abstração se produz como um excesso, uma sobrecarga, uma imposição (do real). O excesso do real: o estado de impossibilidade de saber do qual fala Kessler. Quando a sociedade chega a esse estado ela desmorona, torna-se abstrata. Assim também a literatura. Ambas – a literatura e a sociedade – fracassam. Mas para a literatura de esquerda esse fracasso é seu triunfo, sua oportunidade de persistir: o instante em que dá testemunho dessa impossibilidade. Aqui o texto se volta necessariamente à pergunta inicial: Então, o que é impossível, a literatura, a exterioridade ou a Argentina?

---

13 DIDI-HUBERMAN, Georges. *O que vemos, o que nos olha*. 1ª ed. Trad.: Paulo Neves. São Paulo: Editora 34, 1998.

EFEITOS ABSTRATOS

Em vários de seus livros, Rosalind Krauss conta a mesma anedota sobre Frank Stella, artista abstrato dos anos 60. É uma história boba, quase uma piada. "Sabem qual é, segundo Stella, o maior norte-americano vivo? Ted Williams, o jogador de beisebol. Williams enxerga mais rapidamente que qualquer outro ser humano. Sua visão é tão rápida que quando a bola sobrevoa a base, a 90 milhas por hora, ele é capaz de distinguir seus pontos de costura. E mandá-la para fora do estádio."

Como toda ironia, contém também uma ideia muito sedutora. Melhor dizendo: várias ideias, mais de uma interpretação.

Um passeio pelas possíveis interpretações: em primeiro lugar Stella parece estar realizando um falso elogio – entre o cínico e o ingênuo – do ponto de vista de um mecanismo de precisão, como uma espécie de olho técnico que tudo controla, que nada lhe escapa; nada, nenhum mínimo detalhe. Algo assim como tomar o beisebol como metáfora estética do panóptico e o panóptico como metáfora política da sociedade moderna. Essa é uma linha interpretativa possível – a da consciência do olho diante da mediatização como mecanismo de controle

– com uma linhagem (Foucault, Virilio, Debord) de grande produtividade teórica.

Claro que há outras interpretações. Poderia estar sugerindo, tendo em conta as obras do próprio Stella – em especial as dos anos 60 –, a busca de ir mais além do olhar como máquina de poder e ligação entre a visão e o desejo, inclusive com o inconsciente. Não é difícil perceber o quanto a obra de Stella retoma as *óticas de precisão* que Duchamp realizou nos anos 20, e os *Rotoreliefs*, dos anos 30; um jogo irônico sobre a incompletude do olhar. A própria Krauss, em *El inconsciente óptico*, resolve o assunto de maneira simples: "Os discos giratórios de Duchamp são tentativas de impulsionar a relação entre a visão e o desejo". Assim, a frase de Stella deixaria de ter qualquer outra conotação a não ser a de desenvolver no olhar seu caráter de pulsão. Esta forma de pensar não é diferente da leitura de certos textos de Lacan, como em "A esquize do olho e do olhar"[14], onde Lacan se refere ao dar-se a ver gratuito como marca da "primitividade da essência do olhar".

Um terceiro caminho colocaria em funcionamento ambas as leituras. Muito já se disse sobre a capacidade do capitalismo para absorver e processar tudo, mesmo aquilo que se opõe a ele, que o enfrenta, que o desafia. Desse ponto de vista, desejo e capitalismo, pulsão e *mainstream* estético não seriam contraditórios; pelo contrário, a exacerbação do desejo (via publicidade, consumo, moda, tecnologias do eu, cuidado do corpo) seria a marca do presente, sintoma do agora. A capacidade de absorção infinita funciona invertendo o sentido do gesto: devolver à visão sua relação com o desejo, o que nos

---

14 LACAN, Jacques. *O Seminário – Livro 11: os quatro conceitos fundamentais da psicanálise*. 1ª ed. Trad.: M. D. Magno. Rio de Janeiro: Jorge Zahar, 1988.

anos 20 era um gesto radical; nos anos 60, a época de Frank Stella, isso já havia perdido todo caráter crítico. Mais ainda: na atualidade, o reposicionamento do desejo no olhar não somente não contém nenhum efeito radical, mas também serve como condição necessária para a manutenção e reprodução da cultura de massa, dos meios de comunicação, da indústria do entretenimento; enfim, para a reprodução da ordem social. Em *O novo espírito do capitalismo*[15], Luc Boltanski e Ève Chiapello descrevem o processo pelo qual noções que nos anos 60 eram contraculturais (como complexidade, incerteza, autonomia, descentralização, flexibilidade, mudança) se converteram, nos anos 90, em axiomas chave para os manuais de *management* das grandes empresas, nas páginas de revistas de economia, ou seja, o processo pelo qual se converteram nos valores centrais do capitalismo contemporâneo.

Porém, é possível também ler a anedota de Stella de outro campo: o da tradição da filosofia judaica, resistente à própria noção de imagem. As diversas tradições judaicas – que exerceram uma grande influência sobre o pensamento francês desde o século XX – retomam algo da primeira linha interpretativa: a suspeita no olhar entendido como um lugar de poder, como uma força a se opor. O poder da visão como antessala do exílio. Há uma frase de Lévinas que resume perfeitamente esta suspeita: "Ainda quando não me olha, me olha". Mas a literatura francesa de tradição judaica vai mais além, identificando a visão como o sentido dominante da era moderna, de uma modernidade extraviada e fracassada que, no melhor dos casos, há que ser refundada e, no mais extremo, esquecida. A

---

15 BOLTANSKI, Luc; CHIAPELLO, Ève. *O novo espírito do capitalismo*. 1ª ed. Trad.: Ivone C. Benedetti. São Paulo: WMF Martins Fontes, 2009.

abertura democrática da visão – da perspectiva renascentista ao racionalismo cartesiano – desembocou na sociedade do espetáculo, em um novo totalitarismo do tipo *Big Brother*. A palavra judaica vai mais além porque ao mesmo tempo que desobedece o poder da imagem, repõe outras práticas e outros sentidos esquecidos: a escrita e a escuta. De Derrida a Edmond Jabès, a escrita e a escuta são as armas contra o poder da visão. Além disso, na cultura judaica o homem que escuta e escreve responde por um nome: Freud. Apenas a filosofia judaica em sua versão pós-freudiana (ou seja, francesa) pôde levar a cabo a interpretação da vontade de poder que está implícita na frase de Stella.

É certo, não se faz necessário esclarecer, que isto não é mais que um resumo ultraveloz, um rápido sobrevoo por um cenário de leituras. Traços grossos, eixos longos, um sem fim de matizes resumidos. Porém, é certo que, de uma forma ou de outra, essas quatro interpretações pertençam ao que se pode chamar de *crítica cultural*. Pode-se dizer algo mais sobre a frase de Stella? Há vida para além da crítica cultural? Carrega a anedota outros efeitos? Quais? Pode a literatura dizer algo sobre o tema? Se a resposta for afirmativa, haveríamos que buscar outra forma de entender essa frase, uma leitura estranha ao campo da crítica cultural, uma leitura que dá materialidade aos efeitos literários que encerram a própria anedota. É curioso, mas essa leitura será dada – talvez muito embora, e talvez sem o saber – pela própria Rosalind Krauss, que em alguns parágrafos após contar a história do jogador de beisebol diz: "Essa velocidade coleta a ideia de uma visualidade abstrata e intensificada, dentro da qual o olho e o objeto entram em relação com uma rapidez tão assombrosa que nenhum dos dois parece permanecer sujeito a um suporte meramente carnal: nem ao corpo do jogador nem ao substrato esférico da bola. A visão foi reduzida ao cintilar do puro instante, a um estado abstrato sem um antes e um depois".

Um mundo sem um antes e um depois: a vanguarda. O que é a vanguarda senão a experiência do cintilar do puro instante? "Captar o poético no histórico/ o eterno no transitório", pedia Baudelaire, algo que o jogador de beisebol de Stella parece contestar: "Já o fiz". Ted Williams lança a bola para fora do estádio, para onde lança a arte e a literatura? Para a abstração. Melhor dizendo: para os efeitos abstratos.

Não é preciso ser muito perspicaz para dar-se conta de que a pintura abstrata – a abstração em geral – é um gênero esquecido. Quase nenhum pintor se declara abstrato, ninguém reflete sobre ela; os críticos escrevem sobre outras coisas, os escritores abandonaram o assunto. Se em algum momento a abstração presumiu-se em dimensão crítica, em caráter inassimilável, hoje ela se tornou amável, decorativa; os monocromos estão pendurados em escritórios de executivos e nas linhas retas das paredes de qualquer restaurante. Se há um estilo que encarna hoje a retaguarda da arte, esse é a abstração.

Mesmo que na realidade a abstração, desde sua origem, se diferencie das outras vanguardas, ela sempre esteve mais próxima "do último" que "do primeiro"; do "final" que do "começo"; a abstração foi a vanguarda que quis terminar com todas as vanguardas, a pintura que quis terminar com todas as pinturas. Diferentemente do *ready-made*, que nos induz a perguntarmos: "isto é arte? O que é arte?"; a abstração dá por sabida a resposta (óbvio que é arte: há uma tela, um quadro, cores, assinatura, preço), só que ela leva até às últimas consequências o mito modernista do último quadro, o último artista, o último estilo. De Malevich a Klein, o que há é um jogo para aumentar a aposta para ver quem pinta o quadro mais abstrato, o último quadro, aquele que liquidaria os demais e abaixaria as cortinas da arte. Hoje em dia, a perseverança dos que recriam o mito do último artista, do último escritor, produz uma ternura inevitavelmente *kitsch*. Se algum ensinamento deixou a vanguarda, esse foi que o escritor vanguardista é sempre o penúltimo escritor. Esse é seu mito: ser o pai odiado do escritor do futuro.

    E então? Que interesse tem para a literatura a abstração? O que há de especial em pensar seus efeitos? Para começar, um esclarecimento chave: quando penso em abstração vou além do assunto da não figuração, da questão do gênero, do estilo; discussão sem importância. Para mim, a abstração é um modo radical de conceber a arte e seus efeitos.

    O que faz um pintor abstrato? Descarta. Primeiro descarta uma representação tradicional, as formas antropomórficas; depois descarta alguns tipos de linhas (uns, as linhas retas; outros, as linhas diagonais; outros, as manchas), mais tarde descarta alguma cor ou todas as cores (pinta somente com o azul), em seguida descarta a superfície da tela (a perfura), também descarta a própria tela (torna-se escultor: faz cubos planos), às vezes descarta o tamanho (suas esculturas são muito grandes); descarta também a duração (se dedica à arte do efêmero: realiza obras abstratas em plantações que só podem ser vistas do céu, e antes que aconteça a colheita).

    Pensar os efeitos abstratos implica reivindicar a literatura como um sistema de exclusões.

Grande parte da literatura argentina dos últimos anos sente horror diante desta questão. Geralmente desqualifica a pergunta antes mesmo de formulá-la, e o faz sob um modo de conotar negativamente palavras cruciais, como programático, teórico ou, ainda, abstrato. Porque avançar por esta via (e levar ao extremo essas palavras) implicaria deslocar o horizonte estabelecido da (não) discussão literária e substituir a pergunta por decisões estéticas; significaria fugir do democratismo bobo – perdão pela redundância – em que caiu a literatura argentina; essa ideia banal de que o que importa é o que funciona, qualquer forma, estratégia ou escritura dá no mesmo; como uma espécie de ultrapragmatismo que privilegia o resultado ante a forma.

Boa parte da literatura argentina contemporânea funciona sob este ideal conservador: pode-se discutir de tudo, menos dos pressupostos estéticos. Mas dos pressupostos é o único que vale a pena discutir! Que interesse pode ter o resto? Tudo ocorre como se a única discussão disponível e aceitável fosse sobre questões técnicas. Porém, discutir sobre a resolução do final de um romance é tão apaixonante quanto falar sobre as buchas do eixo dianteiro de um *Fiat Uno*; deter-se na eleição do tema de um relato (como se houvesse temas piores ou melhores) gera a mesma capacidade crítica que pescar manjubas com meio mundo; refletir sobre a exibição de nomes próprios prestigiosos em um romance (como se o importante fosse a lista de nomes e não o que fazemos com eles, como os *destroçamos*) produz um entusiasmo equivalente a uma corrida de 100 metros rasos, corrida por quero-queros.

Acabo de mencionar a palavra *conservador*. É sempre arriscada e complicada a tradução de termos políticos para o campo literário. Complicada, mas ao mesmo tempo simples.

Por acaso essa outra frase que acabo de escrever – *como uma espécie de ultrapragmatismo que privilegia o resultado ante a forma* – não é um modo de definir o que foi a política argentina dos anos 90? No geral, tendo a pensar que a política – e até o que se chama espírito de época – tem uma influência menor sobre a literatura, inclusive me causa um leve riso quando leio frases como "a literatura sob o peronismo" ou "a escrita da democracia"; prefiro pensar que as reformulações literárias são sobretudo produto das quebras epistemológicas das próprias obras, em vez de reconstruções contextuais.

Porém, escrevi *conservador*. O que acontece é que a literatura argentina recente pertence ao campo do contraexemplo. A influência do espírito de época dos anos 90 sobre a narrativa foi brutal. Em primeiro lugar, porque impôs-se o êxito do cânone, ou melhor, impôs-se o cânone como êxito. É certo, poderia se dizer com razão, que o êxito (de mercado, editorial, nas mídias, na cultura) foi na realidade uma marca do *boom* dos anos 60. Mas, nesse caso, a obsessão do êxito cultural acompanhava a ascensão social das classes médias urbanas e, se bem funcionava como critério central, dava, no entanto, lugar a outros modelos narrativos ou outras formas de circulação literária, ou seja, gerava outros critérios de êxito. Por outro lado, nos anos 90, o êxito foi um critério que não apenas não acompanhou a ascensão social das classes médias (tão somente sua ilusão de integração com o mundo), como não deixou resquícios para quase mais nada. O êxito como critério central (e a exclusão econômica, social e cultural como sua consequência imediata).

Mas sobretudo – e isto é o que importa para a literatura – a influência conservadora foi para além da descrição sociológica (o tema dos critérios de êxito é um clássico da sociologia da cultura), para ingressar por completo no plano textual. Desde os finais dos anos 80, se desenvolveu uma imensa narrativa reacionária, um retorno às versões mais conservadoras da literatura. Pode se imaginar a fascinação que produziu o *realismo sujo* entre os incipientes escritores como produto de outra década que não seja a dos anos 90? Como podemos compreender o êxito não apenas de mercado, assim como ético, de Soriano e o *sorianismo*? Como interpretar a ideologia das oficinas literárias – verdadeiras oficinas de corte e costura – que encheu as livrarias de contistas que não conhecem outro modelo que não seja o de introdução-desenvolvimento-desenlace? E o que dizer da dobra de uma parte da narrativa e da poesia sob o refúgio da academia, como se houvesse encontrado seu lugar no mundo entre uma citação de Pasolini, uma de Walter Benjamin e outra de Perlongher?

Todas essas escritas, diversas entre si, compartilham o desinteresse por colocar em questão nossas crenças literárias. Admitamos: pôr em questão nossas crenças literárias é uma frase pretensiosa, algo impactante que pode tornar-se oco. Está certo. Porém é o único jogo que vale a pena ser jogado. Obstaculizar as crenças é o único risco que vale a pena correr para um escritor. Não gerar crenças novas: obstaculizar as existentes.

Em um artigo de 1957, chamado "*Sobre algunas cuestiones perimidas*", escreve Alain Robbe-Grillet: "o que fracassa não é a anedota, mas sim seu caráter de certeza, sua tranquilidade". Como é possível que quase 50 anos depois essa frase mantenha intacto seu valor? Será que a arte nunca envelhece? Ela funciona como um carrossel? O certo é que boa parte da literatura argentina se entregou mansamente à certeza da trama, à confiança nos personagens, ao mérito da anedota, às exigências culturais mais banais, ao formalismo mais acadêmico; não se propôs nunca, nem por um instante, enfrentar a linguagem, desafiá-la, obrigá-la a engolir o pó; nunca se deparou com a questão do sentido, com a ambição de romper o peso da sintaxe, de questionar o poder das palavras.

A literatura argentina recente é uma literatura que escreve *a favor*. A favor da ordem do relato e, por que não, das coisas. Todos os dias vemos nos jornais os *arrependidos* declararem que a experimentação matou a literatura e a afastou do grande público. Perder público: Grave problema! (pequeno riso contido, para não ser desrespeitoso). Tudo ocorre como se a literatura argentina houvesse se voltado com devoção ao modelo que anuncia Martha Nussbaum em *Justicia Poética*. (É certo: sei que praticamente nenhum escritor argentino leu o livro de Nussbaum, mas sua sincronia com a literatura argentina recente é também um marco de época). Nussbaum, uma célebre historiadora norte-americana de temas da antiguidade clássica, já em 1995, sentiu um temor pela perda dos valores humanistas, por aqueles que ela mesma tanto havia batalhado. Sentiu temor porque na literatura não mais se distinguia o bem do mal, porque a "experimentação desmedida" (sic) afasta a literatura do problema da ética, porque os grandes personagens arquetípicos criavam a consciência de uma sociedade e agora a literatura já não criava esse tipo de personagens. E o que propõe então? Devolver ao romance seu lugar central na criação dos grandes imaginários sociais. Escreve: "Me concentrarei nas características da imaginação literária como imaginação pública, uma imaginação que sirva para guiar os juízes em seus juízos, os legisladores em seu trabalho legislativo, os políticos quando medem a qualidade de vida de pessoas próximas e distantes". Continua: "A história se limita a consignar os feitos concretos, ainda que não representem uma possibilidade geral para a vida humana. A literatura se concentra no possível, convidando o leitor a fazer perguntas sobre si mesmo (...) isto ocorre especialmente quando desejam mostrar o efeito das circunstâncias sobre as emoções e o mundo interior, o que constitui um ingrediente essencial no aporte do literário". No que pensa Nussbaum? Em voltar a Dickens, claro. Na necessidade de que surja um novo Dickens. Ou seja: no século XIX. Mas enquanto os romances realistas acompanhavam (melhor dizendo: acompanhavam, mas cheios de tensão, de questionamentos e de ceticismo, como em Flaubert) a criação dos estados nacionais, a ascensão da burguesia, a moral do capitalismo, quer dizer, os grandes imaginários sociais da época; propor hoje retornar, assim, sem mais, a essa literatura, *implica não levar em conta* o terremoto definitivo que foram as vanguardas do princípio do século XX e suas heranças. O que propõe Nussbaum, e o que grande parte da literatura argentina atual segue ao pé da letra, já não é formular um desacordo com a vanguarda e sua herança, mas sim agir como se ela literalmente nunca houvesse existido. A literatura argentina atual nem sequer funciona de modo provocativo-conservador, questionando o esgotamento das vanguardas e a repetição até a saturação de muitos de seus recursos (como o faz, por exemplo, Steiner); simplesmente inventa o mito de que nunca aconteceu nada ali. Como uma espécie de "aqui não aconteceu nada: circulando, não há nada para se ver" (o desastre é tal, que Steiner, um pensador conservador, no extremo do reacionário, se torna aqui um ensaísta fino, sutil e até provocador).

Volto aos efeitos abstratos. É hora de extrair, para a literatura, suas consequências. Uma delas: a redução do contexto, a capacidade de encolher o ponto de referência. Sobre as obras abstratas construídas em forma reticular, escreve Rosalind Krauss: "A rede renuncia à hostilidade da arte moderna a respeito da narração, do discurso. Invadida, geometrizada, a rede é antinatural, antimimética, antirreal". A consequência que daí extraio é a seguinte: a literatura se torna radical quando escreve contra a narração. A literatura que me interessa não exibe (a temporalidade, o estilo, o discurso), mas sim suspende (a temporalidade, o estilo, o discurso), anuncia que algo foi retido, algo que escapa à cadeia linguística, que a coloca em questão: anuncia a emergência da singularidade, a chegada do futuro. A literatura dá conta do relato de subtração do relato.

Todavia é decepcionante – além de equivocado – o choramingar do *já não se pode*. Não estou sugerindo que o romance já não possa narrar, que não tenha relato, mas sim que deve responder à pergunta sobre como narrar depois da perda da inocência da narração. Grande parte da literatura argentina recente é conservadora porque defende a narração inocente, narra *como se nada houvesse acontecido*, como se as vanguardas – e sobretudo a abstração – não houvessem quebrado a cadeia linguística e inaugurado algo novo e irreparável; como se escrever depois do irreparável não levasse em si o signo do extravio, do excesso; a antessala da falha, do acidente, da mais absoluta solidão; a antessala não da sociedade como pretende Nussbaum, mas de um autismo mais profundo; tudo ocorre como se a literatura argentina recente desejasse contar histórias com o inocente candor de quem diz *"eu não sabia de nada"*, *"eu não estava lá"*, *"não estava ciente"*.

Ocorre que há na literatura argentina recente um retorno a um humanismo banal, bem pensado, sóbrio, sensato. Um humanismo apolíneo (como todo humanismo): nada de excessos. A trama? Justa (60% peripécia, 40% reflexão). Os argumentos? Óbvios (35% cotidianos, 20% viagens distantes, 45% situações ou lugares fechados). Os estilos? Transparentes (20% fábula, 10% alegoria, 70% lição de moral). Os personagens? Bem construídos (7% influenciados por Thomas Mann, 15% por Umberto Eco, 8% por Soriano, 19% por Stephen King, 16% por Abelardo Castillo, 14% por Andrés Rivera, 11% por Salinger, 4% por Paul Auster, 5% por Sábato, 1% por Victor Sueiro).

Com isso, não estou dizendo que os efeitos abstratos impedem a literatura de narrar. Ao contrário, a literatura que me interessa narra a história da época da fratura da narração, a história perdida da inocência narrativa, da suspeita no relato. Esse é seu objeto. E é lógico que nessa história há lugar para a peripécia, mas para uma peripécia que sempre se desloca, que suspeita de sua própria eficácia (e da própria ideia de eficácia). Que acaba sempre inconclusa. Depois dos efeitos abstratos, a literatura é a narração desse deslocamento.

ESTAVA SURFANDO QUANDO
UMA ONDA ME ENGOLIU

I

É difícil discutir literatura. Não porque na discussão costuma se estabelecer o gosto, o tédio ou a má fé. Esses são detalhes. Mas sim porque a literatura se opõe ao consenso, ao diálogo, à argumentação. Essa literatura é ato, se impõe, procede como o terror revolucionário: dissolve as hierarquias e, como verdadeiramente revolucionária, se dissolve ela mesma cada vez que consegue descobrir o segredo. Nunca soube o segredo, e se alguma vez o soube, o esqueci. Apenas me recordo do lema: transformar o contingente em necessário.

II

Se a literatura se opõe ao consenso, então se opõe ao verbo ser: "sou escritor", "publiquei 4 romances e tenho um ainda inédito", pouca coisa. O verbo estar é mais justo, tem a ver com o trânsito, com a passagem, com a má sorte: "Era escritor, mas deixei de ser" "Agora o que você é?" "Agora eu não sou nada". Nesse estado começa a literatura.

III

De lugares distantes, afastados, às vezes se pronunciam em voz alta verdades baixas da literatura. Uma vez Wittgenstein pronunciou essas palavras e roçou o segredo: "Como posso saber o que estou falando, como posso saber o que quero dizer?" Nunca se chega a saber, esse poderia ser um bom conselho para escritores iniciantes. Boa parte da literatura argentina contemporânea tem tão claro o que quer dizer, que às vezes é mais interessante ir assistir televisão.

Essa literatura se coloca a serviço da eficiência; supõe que a linguagem pode ser eficiente, que tem que fornecer seus efeitos de choque, seus *targets*. Fracassa, pois trata a linguagem como uma espécie de empregada doméstica, e perde de vista que a linguagem não é a empregada, mas sim a patroa. E diante da patroa, sempre, há somente uma saída: a luta de classes.

Suponho que para esse tipo de literatura, uma frase como esta de Bataille deva soar incompreensível: "a literatura não é inocente e, sendo culpada, teria que acabar confessando". Questionada a inocência da linguagem, questionada a inocência da inocência (nada menos inocente que anunciar a inocência da linguagem), a literatura se escreve na fatalidade da suspeita: narrar para fazer crer se torna impossível.

Quando o escritor crê na transparência da linguagem, quando não suspeita dela, quando a imagina funcional; ou ainda pior, quando imagina ter a dominado sob o triste nome de estilo; três palavrinhas ponto, três palavrinhas ponto, é assim; escrever sem vírgulas, aplicar ao conto a estética de oficina literária; quando o escritor se propõe a escrever romances com personagens bem construídos, críveis; histórias interessantes, arrebatadoras, inteligentes; desenlaces surpreendentes, definitivos, ou de qualquer outro tipo – a ideia mesmo de desenlace já é desagradável –; enfim, nesses casos, o escritor é somente um escritor de livros.

IV

Acontece que a literatura se opõe ao livro. É certo: se escreve para ser lido. Porém, lido por ninguém. A escrita e o livro se opõem porque sobre eles operam poderes diferentes. Sobre a escrita influem a indiferença, a fadiga, o excesso. Sobre o livro, a capa, o comentário, a circulação. Quando um escritor deixa como herança um decálogo em que diz: "ninguém escreve para não publicar. É mentira que a alguém possa não importar nem a crítica nem a opinião dos leitores", é porque faz tempo que abandonou – se é que alguma vez o conheceu – o jogo da escrita. Esse escritor é meramente um publicador de livros.

As instituições (o mercado, a academia) apresentam a linguagem como algo naturalizado, como um conjunto de normas, regras, modos. Se se respeitam esses modos, então *se escreve bem* (sinto sempre uma profunda desconfiança de romances bem escritos).

V

O peso de suceder as vanguardas parece insuportável. Porém, o verdadeiramente insuportável não é que as vanguardas tenham fracassado ou que se tenham diluído ou que tenham sido absorvidas pelo sistema, mas sim a dificuldade de ser hoje vanguarda. A literatura contemporânea aprofunda essa impossibilidade. A condição de vanguarda consistia em levar uma possibilidade a seu extremo. A condição da literatura contemporânea consiste em levar sua própria impossibilidade ao extremo. Em algum poema, escreve Louis-René dês Fôrets: "Irreparável fratura. Tomemos nota". Do que devemos tomar nota?

A carga da arte posterior à vanguarda inclui especialmente os avatares dos anos 50, 60 e 70. Primeiro Duchamp, os *ready-made*: qualquer coisa pode converter-se em obra de arte. Frente a isso, o quê? O monocromo, o expressionismo abstrato, Cage, Beuys, Beckett. A arte se torna conceitual, as possibilidades figurativas (retinianas, diria Duchamp) encolhem, desaparecem (quase: Lucien Freud, Bacon, mas por acaso Bacon não é antes de tudo uma demonstração da brutalidade da representação?). A arte não se torna só conceitual, antes de tudo se torna anti-humanista. Essa foi a via que abriu Duchamp e que a literatura atual, como testemunho de sua impossibilidade, aprofunda. Gombrowicz: "contra o humanismo, a arte se escreve em letras minúsculas". A literatura é uma arte baixa. Já não há mais pompa, altivez, nobreza, sentido; ao contrário, essa literatura é um réptil: rasteja e injeta seu veneno, é ácida, corrói.

VI

Os movimentos estéticos próximos à abstração, surgidos nos anos 50, são imprescindíveis: inauguram a possibilidade de um anti-humanismo distante de qualquer vontade de poder. Um anti-humanismo sem fascismo. Criam uma possibilidade – o espaço – para uma crítica aos valores humanistas – aos valores *tout court* – sem sucumbir ao domínio da técnica ou ao mercado. Simplesmente se expõem, são atos, suspendem o pensamento e seu modo prático: o intercâmbio. Artistas tão variados como Frank Stella, Rothko, T. Smith, Barnett Newman e ainda os poucos cubos planos de Giacometti compartilham dessa condição. Condição que não está distante das preocupações de Sarraute, Auden ou Luigi Nono.

Uma arte distante da crença: quando em crise a representação, também entra em crise a possibilidade de crença. O que desaparece é o ideal humanista de Obra, de Sistema, de Unidade. Anula-se o homólogo necessário à boa consciência burguesa: o intercâmbio. Que perspectivas de circulação, ou seja, de ingressar à linguagem corrente, tem *Dicen los imbéciles* de Nathalie Sarraute? O que se pode fazer, por exemplo, com as esculturas de Donald Judd implantadas em Marfa, em pleno deserto do Texas? Nada, somente registrar sua exposição como o testemunho irônico e crítico de sua própria impossibilidade. Por último: se questiona a possibilidade de representação, figura humanista por excelência. Agora a plástica se revela contra a figuração, o romance contra a narração, a poesia contra o sentido. Mas diferentemente das vanguardas históricas, não há um tom festivo. A arte contemporânea narra que já não se pode contar o relato.

Eliminar o real, a isso chamo abstração. Eliminar o real conduz ao aprofundamento da autonomia da arte. Implica romper com qualquer objeto de mimetismo. Lamborghini é um escritor abstrato. Néstor Sánchez também. São escritas abstratas porque suspendem a crença: não há crença na produção, já não há crença na representação da linguagem; não há crença na recepção, já que há uma quebra nos códigos da narração naturalizada.

Quero dizer: aprofundar a suspensão da crença, do mito, superar por fim toda metafísica e toda transcendência; sem por ela sucumbir à dominação técnica, à academia, e ao mercado. As experiências radicais da arte e da literatura ocupam essa posição.

VII

Em uma de suas cartas a Rodríguez Feo, escreve Lezama Lima: "atravessamos dias egípcios, o que está morto se embalsama e os familiares seguem levando comida e perfumes para continuar acreditando em uma existência petrificada. Conservar o morto, embalsamando-o e perfumando-o, é o primeiro obstáculo à ressurreição". Mas há alguma possibilidade de ressurreição? Ressurreição do quê? Um imenso mal entendido se apodera das palavras que usamos quase sem pensar: arte, literatura, poesia. Por acaso significam algo? Em uma carta de 1948, Lezama descreve a situação da cultura contemporânea: "nossa época tende a converter tudo em espetáculo. Gide e Eliot recebem prêmios, engordam suas carteiras, e o Rei com todo esmero lhes entrega o cheque e o certificado. Se Lautréamont vivesse nos dias atuais, lhe daríamos também o Prêmio Nobel e o direito de não precisar pegar fila para entrar no cinema. O tédio é completo e parece que todas as obras vão receber seu prêmio. Fazer uma obra que ninguém premie é totalmente impossível". 20 anos antes, Leiris dizia algo similar: "Na atualidade não há como algo ser feio ou repugnante. Até a merda é bela".

A dificuldade atual para a arte de fazer algo revulsivo, de realizar um corte na cadeia linguística e que esse corte se expanda a toda comunidade, quer dizer, de expandir a anomalia no seio das relações sociais, é insuportável. Todavia, as condições estético-políticas que geraram esse momento de felicidade que foram as vanguardas artísticas não desapareceram. Algo semelhante ocorre com a revolução política. Suspendendo o ideal revolucionário, as condições que geraram seu levante permanecem intactas. A armadilha do discurso hegemônico consiste em afirmar que não só a revolução foi um erro, uma loucura; mas também, sobretudo, que hoje já não existe nada que justifique uma insurreição. Desmontar esta argumentação deveria ser a tarefa de um pensamento crítico. A situação é análoga no campo artístico: que a vanguarda tenha sido absorvida pelo museu, a publicidade e a indústria cultural ou, ainda mais, entrever que desde a sua origem a vanguarda carregava em si condições para ser absorvida; isto não deve impedir que expressemos nossa desolação frente à situação atual.

Se já é tarde para a inconsciência, para a experimentação, deveríamos então resignarmos a escrever apenas "bons livros" e nada mais? A grande fadiga de haver chegado tarde: um descompasso. Uma escrita que tenha a vanguarda como fantasma – um ente nem vivo nem morto, nem ausente nem presente, um gesto nem real nem imaginário – é uma escrita que assume seu fracasso. Que o assume e o radicaliza. Esse escritor está só, distante do passado, fora do presente, sem futuro. Sem público. Já não pode aspirar por mudar o mundo, mas o mundo tampouco é seu lugar.

VIII

Conta Jean Duvignaud que quando outorgaram a Georges Perec o prêmio Renaudot por seu primeiro romance, ele murmurou ofuscado: "eu queria uma fama secreta como a de Roussel ou Leiris!". Por que Roussel foi reconhecido somente de forma póstuma e não Perec, que triunfou imediatamente? Não só porque levou uma vida excêntrica, distante da sobriedade do campo literário (isso o explica apenas em parte), nem tampouco por razões de transgressão textual (porque comparar Perec, o Cortázar francês, com Roussel, é impossível), mas porque Roussel escreveu antes que as experiências formais da vanguarda se convertessem em lugar comum. Roussel escreveu antes da carta de Lezama. E então a literatura hoje? Escrever sabendo que o espaço para a transgressão encolheu, mas compartilhando do murmúrio mal humorado de Perec, invejando o otimismo de Roussel, mas sentindo ao mesmo tempo um ceticismo radical frente ao potencial da arte. A literatura que me interessa avança por essa linha tênue, até encarnar em sua impossibilidade.

IX

Escreve Marina Tsvetáieva: "a propósito dos que supostamente demoram um ou três séculos, citarei um só exemplo: o do poeta Hölderlin, que pelos temas de que trata, por suas fontes, e inclusive por seu vocabulário, é um poeta da antiguidade, ou seja, chegou ao seu século XVIII com um atraso não de um século, mas de dezoito. Hölderlin, que somente agora começa a ser lido na Alemanha, quer dizer, depois de transcorridos mais de cem anos, foi adotado por nosso século, e certamente não é antigo. Chegou atrasado a seu século com um atraso de dezoito, mas se revelou contemporâneo em nosso século XX. O que significa esse milagre? Significa que na arte é impossível chegar tarde; que não importa do que se nutra, nem o que busca ressuscitar, a arte é por si mesmo avanço. Que na arte não há retorno, que é movimento contínuo, ou seja, irreversível".

X

Há também a novidade, a inovação, o que Deleuze chama "a invenção de uma língua dentro de outra língua". A tentação da novidade é uma fatalidade. A espera do novo: minha tola tentação. A vanguarda, meu fantasma. Os sociólogos já a nomearam: "a tradição do novo". Dizem: "o novo é moeda de troca, é o ideal capitalista". Não há nada a se fazer, a sociologia sempre tem razão, não há forma de argumentar contra ela. Acontece que a literatura não argumenta; mostra, expõe, é ato. Por que desejo o novo? Que outra coisa poderia desejar? Desejo loucamente a ruptura porque não vejo *como são as coisas*, sou ingênuo, um inconsciente, um irresponsável (quero o novo *depois de tudo o que aconteceu*!), desconfio do bem pensar porque não penso... Que pensem os outros! Há tanta gente no mundo que pensa bem! A literatura não pensa, não dá sentido; ao contrário: o congela, o põe em suspenso. É o mundo quem dá sentido, e a literatura se opõe ao mundo. A graça da literatura está em derrubar: estava surfando quando uma onda me engoliu.

XI

Não é resignação, nem sequer a mais modesta adaptação, é o desdobramento do presente em todo seu esplendor. Quero dizer: essa vontade de suprimir da literatura toda experimentação e seguir chamando-a de literatura. É curioso, o truque da literatura consentiu em trocar o nome das coisas, e agora cabe a ela engolir a poeira. O argumento é absolutamente pragmático: "que bom que já se passou Lamborghini, que mostrou esse limite, agora posso dedicar-me a escrever romances sóbrios". Que o presente chame de literatura toda uma série de *produtos* não afeta as formas expressivas mais radicais, simplesmente aumenta sua solidão.

Três são, pelo menos, as posições de onde o presente se desdobra, de onde cria sua hegemonia cultural. As três posições – divergentes entre si – compartilham entretanto da suposição do razoável como única possibilidade para a literatura.

Existe toda uma literatura do belo e do agradável, romances populistas anti-intelectuais em chavões midiáticos. Já não são esses romances feitos para serem *best-sellers*, Harold Robbins, etc. Não, são o mesmo, mas *mais alto*. De um ponto de vista interno à história da literatura, alguns incorporam – de maneira asséptica – várias das técnicas que deram forma à revolução do romance moderno. Outros releem de maneira pueril o realismo do século passado. Do ponto de vista sociológico, todos refletem o aumento do nível de instrução das populações (não é necessário esclarecer que entre instrução estatal e experiência estética não há correlação alguma). Agora as classes médias, os meios, as universidades, as editoras têm a sua disposição toda uma série de romances "bem escritos", "inteligentes", com algumas insípidas gotinhas de experimentação, sem que por isso deixem de ser "emocionantes", "arrebatadores" e "profundos". Refiro-me a esses romances medianos como os de Kundera, Tabucchi, Saramago, Paul Auster (o mais europeu dos norte-americanos!); aos novos novelões norte-americanos (como os de Franzen) e, é claro, à *nova literatura internacional argentina*, os romances de exportação dos jovens sérios e de muitos de seus mestres (quem nunca escutou alguma vez esta frase: Giardinelli faz sucesso na Alemanha!).

São todos romances belos, agradáveis: não incomodam ninguém.

As palavrinhas belo e agradável remetem, por oposição, à terceira na trilogia kantiana: sublime. Ali se detém essa literatura. Chega até aí. Mas quando defendo uma experiência do sublime, o faço como define Christine Buci-Glucksmann: "não o sublime da grandeza e o terrível, mas sim esse sublime 'das pequenas coisas de nada', do detalhe insignificante, esse sublime da pequena forma, de suas repetições e variações". Não um sublime religioso, herança de um romantismo mal compreendido; mas sim esse sublime baixo, réptil, *mal escrito*, que define a literatura em sua forma radical. O sublime, como assinala Kant, produz "um sentimento de inadequação". É um deslocamento, um movimento, um desvio: uma quebra na cadeia linguística: como posso ler Lamborghini, se não possuo a linguagem para entendê-lo? Como posso ser seu contemporâneo, se ele acaba de inventar uma língua?

Vários são os argumentos autojustificadores da literatura das belas-artes: o respeito sacrossanto para com o leitor. Mas quem disse que a literatura tem alguma relação com o respeito? Não falta muito para que a literatura seja chamada de Educação Cívica. Outro: o êxito de mercado. Os escritores de mercado se queixam: "parece imperdoável fazer sucesso", dizem. Com efeito: é imperdoável. Outro, as referências cultas, o avanço da escolarização: um romance baseado em Voltaire, outro nas viagens patagônicas, outro em Pessoa etc. É uma pena, mas a propriedade transitiva não afeta a literatura: escrever sobre Pessoa não faz escrevermos como Pessoa.

XII

A segunda posição hegemônica é o neovanguardismo acadêmico. A respeito desse ponto, não há muito a agregar ao que certa vez disse John Ashbery: "o fato de um poeta como eu ter sido convidado pela Escola de Artes de Yale para falar sobre a vanguarda, em uma série de conferências agrupadas sob esse título, é em si mesmo uma caracterização tão eloquente da vanguarda de hoje que qualquer comentário que se acrescente será um excesso".

Há uma incrível quantidade de livros que se escreve somente para satisfazer o gosto dos professores universitários mais sofisticados. Depois se escreve ensaios e artigos sobre os autores que passam então, eles, a ficarem satisfeitos. Este fenômeno é típico na Europa e nos Estados Unidos, e aqui já se comprou o *franchising* para inaugurá-lo. Se aqui ainda não se desenvolveu ainda mais, se deve basicamente ao fato de que a Universidade (já) não tem (tanto) dinheiro para custear coleções de livros, revistas, leituras públicas e essas coisas. A crise econômica destroçou esse mercado incipiente.

Talvez outro motivo seja o histórico divórcio na Argentina entre a vanguarda política e a estética. Como boa parte dos professores com poder provêm da esquerda dos anos 60 e 70, e a concepção estética da esquerda daqui foi realista, brechtiana, admiraram o realismo mágico e o teatro sartreano, não há por que se espantar com sua insensibilidade para as escritas mais radicais.

Mais patético é o grupinho que se atualizou e a sua herança, os "brilhantes professores jovens" que não conseguem pronunciar uma frase sequer sem citar Osvaldo Lamborghini ou Puig. As expressões que usam são por demais curiosas: estão "trabalhando" tal autor, o estão "pensando", etc. Como se a literatura tivesse alguma relação com o trabalho. Ao contrário, a literatura é um descanso, um passatempo, um extravio.

XIII

A literatura impõe outra temporalidade, precipita outra distância, é sempre a ilusão de um fora. Jean Dubuffet: "o espírito criador se opõe tanto quanto seja possível à posição do professor. Há mais parentesco entre a criação artística ou literária e todas as outras formas quaisquer de criação (nos domínios mais comuns do comércio, artesanato, ou qualquer outro trabalho manual) do que o que existe entre a criação e a atitude puramente homologadora do professor". Entretanto, a atividade do professor pode ter, na realidade, um aspecto nobre: ninguém lhe pede que seja um criador, um artista, tão somente que transmita de forma honrada alguns conhecimentos, atividade tanto ingênua quanto conservadora. Assim termina a frase de Dubuffet: "o professor é aquele que não está animado por nenhum gosto criador e que deve louvar indiferenciadamente tudo o que, nos longos desenvolvimentos do passado, prevaleceu". Dubuffet imagina ainda professores tradicionalistas. Mas o que acontece quando o professor se torna vanguardista? Aí já não estaremos no registro da ingenuidade, senão no da pasteurização de qualquer experiência crítica.

As poucas experiências artísticas que surgiram da universidade, como a do ano de 68 na França, lutaram para aboli-la.

Existem também os escritores que escrevem para o vanguardismo acadêmico: "aqui sou intertextual", "no meu romance homenageio Macedonio como parte de um sistema maquínico", "meus textos são uma escrita sem sujeito". Os escritores que escrevem para a academia não conhecem outra meta, nenhum outro lugar a não ser o do campo literário, nenhum fora. A ideia de que a literatura se realiza em uma comunidade imaginária, em um fora do tempo, na impossibilidade radical, na solidão, no mal entendido, é para eles totalmente distante. Na realidade, o que sucede com esses romances, com esses contos, com esses poemas, é que, em nome do vanguardismo, se enterra toda a possibilidade experimental e se reforça o discurso anti-intelectual e populista que, com sua habitual má consciência, justifica seu lugar no mercado, quer dizer, justifica que o lugar da literatura seja o mercado, a partir da crítica ao vanguardismo acadêmico como discurso tautológico e carente de interesse.

Por outro lado, por que nos surpreenderia que haja professores vanguardistas e vanguardistas professorais? Faz mais de cinquenta anos que Adorno e Horkheimer mostraram que até as ideias mais subversivas podem ser absorvidas e recicladas até a banalização pela sociedade capitalista. Ou por acaso o próprio Adorno, professor vanguardista, não terminou sendo Reitor? Com respeito ao ensino, novamente Dubuffet aporta uma ideia que, ao menos, deveria ser ouvida com atenção: "Agora seria o momento de fundar institutos de desculturação, espécies de liceus niilistas, onde se dariam um ensino de descondicionamento e desmistificação durante vários anos, de maneira que nos dotassem de um corpo de negadores que mantivesse vivo, em meio ao grande desdobramento geral do acordo cultural, o protesto".

XIV

O terceiro lugar de enunciação hegemônico é o ensaísmo conservador e a incipiente narrativa que se desprende dele (melhor dizendo: a forma conservadora de ler a narrativa). Em termos estéticos, se reconhece o pensamento conservador como aquele que assume como triunfo a derrota das vanguardas. Esta definição agrupa as diferentes vertentes do conservadorismo contemporâneo, todas desejosas de uma volta para trás, de um salto ao "antes da perda dos valores", antes de que "qualquer coisa possa ser dita ou escrita", antes de que "o contrato seja rompido".

Toda sua crítica é meramente moral; contudo seria um erro evitar sua leitura devido a sua pobreza estética, ao contrário, em sua versão atual o conservadorismo é extremamente sofisticado, erudito e até em alguns momentos sedutor (essa sedução explica como boa parte da esquerda intelectual, como consequência de seu desassossego, tenha terminado em seus braços). A sedução do pensamento conservador provém de que, nesses tempos de dúvidas e de chatice (a chatice estética da própria esquerda), seu pensamento propõe uma política cultural. Formula uma série de planos literários que devem ser levados a sério. Tão a sério como uma ameaça.

O conservadorismo se expressa em todos os gêneros, no romance, no poema, na música; mas onde alcança uma dimensão programática é no ensaio. A obra de George Steiner pode ser lida como um intento de sistematizar e dar coerência a uma visão conservadora da arte. Steiner poderia tomar como próprias estas justas palavras de Susan Sontag, palavras de matriz frankfurtianas: "a atual é uma dessas épocas em que a atitude interpretativa é em grande parte reacionária, asfixiante. Em uma cultura cujo já clássico dilema é a hipertrofia do intelecto frente ao desperdício de energia e da capacidade sensorial, a interpretação é a vingança do intelecto sobre a arte". A obra de arte está cercada, perseguida pela crítica e a crítica da crítica, pelo jornalismo, pelo saber acadêmico, pelos meios. Mas enquanto a Sontag dos anos 60 optava (porque logo ela também sucumbiu ao conservadorismo) por uma defesa das experiências mais radicais de seu tempo – Cage, Godard, Sarraute – como forma de romper esse cerco, Steiner descrevia quase todo o século XX sob a figura da perda, formulada em nome de um duvidoso humanismo religioso.

Em *Presencias Reales* assinala que "as rupturas fundamentais são muito escassas na história da percepção humana", e mais adiante acrescenta: "este contrato se rompeu pela primeira vez entre as décadas de 1870 e 1930. Esta ruptura entre as palavras e o mundo constitui uma das poucas revoluções do espírito verdadeiramente genuíno". Assim, as vanguardas produziram um corte sem precedente na história da arte – o primeiro da história – e a partir desse momento: a decadência. Não é preciso muita sutileza para perceber onde termina esse raciocínio: as vanguardas são as responsáveis pela decadência. Tudo o que trouxeram as vanguardas e sua herança está somente no *du n'importe quoi*[16]. Em parte Steiner tem razão: das vanguardas, qualquer material expressivo pode converter-se em obra de arte, *n'importe quoi* pode produzir experiências estéticas, pode gerar condições para um corte na cadeia linguística. É precisamente o uso estratégico que a arte contemporânea dá ao *n'importe quoi*, que produz uma cesura na recepção naturalizada.

Steiner chega ao ponto máximo em sua política de ignorar seu tempo: em *Presencias Reales* praticamente não faz uma só referência ao cinema. O cinema (a única invenção estética do século XX, como já diz o lugar comum) não integra a história

---

16 Expressão no francês que demonstra indiferença; "não importa o quê". [N. dos T.]

da arte. Talvez para o autor sua presença não seja real. A inexistência do cinema como arte poderia explicar as pouquíssimas referências a Benjamin (4 em 280 páginas). Benjamin liga a noção de aura e sua perda à fascinação que o cinema e a fotografia produzem nele. A noção de aura é de uma intensidade, de uma complexidade, de uma ambiguidade infinitamente maior frente ao banal conceito de transcendência que Steiner defende. Em Benjamin a arte do século XX mescla curiosidade e angústia, suspeita e esperança, implicação e distância, algo ausente em Steiner. Susan Buck-Morss, ao analisar o projeto das *Passagens*[17], chama esta atitude de "dialética do olhar". Para Jauss, não distante dessa descrição, a dialética benjaminiana se expressa na disputa entre impressão digital e aura. As pegadas estão ligadas ao *Flâneur*, à experiência do choque. É, como escreve Benjamin, "a manifestação de uma proximidade, por mais distante que esteja do que abandona". A aura, ao contrário, "é a manifestação de uma distância, por mais próxima que esteja de quem a motiva". A aura é o inacessível de toda obra de arte. A modernidade é o cenário onde convivem e se contradizem ambas experiências. A reprodutibilidade técnica da obra de arte põe em questão a presença desta distância. Mas em Benjamin nunca há resignação, como em Steiner. O ambíguo chamado – que tantas interpretações gerou –, de "politizar a arte" em vez de "estetizar a política" é a prova disso.

Assim também ocorre com a valorização que Steiner dá à música. Para Steiner a música nos conecta com o celestial, com o universo, nos transporta para o espiritual. São, na verdade,

---

[17] BENJAMIN, Walter. *Passagens*. 1ª ed. Trad.: Irene Aron e Cleonice Mourão. Belo Horizonte: UFMG, 2007. (Conjunto de manuscritos deixados por Benjamin que se relaciona a um grande projeto: um livro sobre a cidade de Paris no século XIX).

caracterizações românticas. E – não sou o primeiro a dizer – o uso do romantismo hoje, assim, sem mais, adquire um caráter absolutamente *kitsch*. Assim se explicam as também poucas citações de Adorno, somente três (reparo em Benjamin e Adorno, porque Steiner se reconhece explicitamente nessa tradição). Para Adorno – como para quase todos os compositores do século XX – a noção de materialidade, a análise e a combinação dos materiais expressivos, está no centro da sua interpretação. Em um artigo de 1930, o próprio título já dá uma resposta antecipada à concepção de Steiner. Escreve Adorno em "Reação e progresso": "toda a soberania com que exteriormente o compositor pretende imprimir sobre o material se desliza para o interior da obra sem chegar a penetrá-la, e proclama dali mesmo sua permanência como meros pontos de vista descoloridos de uma história pretérita. Tão mais livre será o autor, quanto mais estreito for o contato com seu material". Se se perde de vista esta questão, se se quer impor à arte uma soberania externa (o humanismo religioso no caso de Steiner), então não há mais remédio a não ser eliminar de uma vez a arte contemporânea. Se se quer buscar cegamente a presença do religioso na arte de maneira dogmática ("o que afirmo é a intuição segundo a qual a presença de Deus já não é uma suposição sustentável e onde Sua Ausência já não é um peso sentido e, de fato, esmagador, já não podemos alcançar certas dimensões do pensamento e da criatividade"), se se quer encontrar sempre essa dimensão transcendente, então melhor não ligá-la com a literatura e a arte contemporânea. Steiner tem razão: melhor ignorar o efeito radical das vanguardas.

Na verdade o que Steiner defende é a figura que dá sustentação ao humanismo: o burguês. Essa perda, a perda desses valores, é o objeto de sua melancolia (e da melancolia do conservador ensaio argentino: que, sabe-se lá como, coloca no mesmo saco Heidegger com o *sublime*, Junger com os valores do *humanismo*, a *teologia ateia* com uma volta à piedade cristã, *o judaísmo messiânico* com a *denúncia moral*, e que, na realidade, somente expressa nostalgia por um mundo perdido: o da burguesia). Mas aquilo que para Steiner é uma perda, para a literatura de esquerda é uma conquista. A falácia de Steiner consiste em reduzir as posições artísticas a um antagonismo entre humanismo (bom) e o domínio da técnica sobre a arte (muito ruim). Essa antinomia é tão redutora e falsa, quanto a antinomia entre populismo de mercado e vanguarda acadêmica. As escritas contemporâneas mais radicalizadas não se encontram em nenhuma dessas posições. Essa literatura *está fora de tudo*.

XV

Em segredo ocorre algo insólito: a literatura continua. É uma tumba sem sossego.

PERDER O JUÍZO

I

O primeiro conflito de Flaubert não foi o processo judicial contra *Madame Bovary*, por "ofensa à moral pública e à religião" em 1857, mas o de 1856, a discussão que o opôs ao seu amigo Maxime Du Camp, diretor de *La Revue de Paris*. O romance, publicado em capítulos na revista, esteve sujeito a todo tipo de censuras e disputas entre autor e editor. Du Camp sugeria dois tipos de cortes: de "conteúdos" e de "formas" (para nomeá-los ao modo mais convencional). Os conteúdos eram, de certa maneira, mais esperados. Trata-se do Segundo Império, e *La Revue* pretendia liderar a ala liberal dos intelectuais, o que supunha uma série infinita de intercâmbios, negociações e concessões ao regime. Modificam-se, então, a cena do passeio de carruagem e uma parte da agonia de Emma.

O segundo tipo de censura é revelador, crucial, aponta para o centro da escrita em Flaubert: Du Camp acusa o romance de ser muito "complicado", de "estar cheio de coisas inúteis", ter partes "demais". De ser "excessivo". Aqui começa a desenhar-se a maldição de Flaubert, o estigma da literatura que virá a seguir: a escrita é um excesso. Quando a literatura é sobretudo um experimento, um jogo, um balbucio, então precisa de limites. Há uma dupla novidade nessa disputa: novidade de Flaubert, ao supor que a ruptura se dá por *um modo de escrita*; não mais pelo tema, a moral, os costumes, a história, mas pelo que ele chama de *estilo*. Novidade, também, de Du Camp, ao advertir essa situação e intencionar censurá-la. Mas a censura – e o posterior julgamento – chega tarde, não tem alcance. Tudo chega tarde depois de Flaubert, nada mais tem alcance. Todo o conflito, as idas e vindas (Flaubert que cede, se arrepende, volta a se arrepender; Du Camp que triunfa e, ali onde triunfa, fracassa), não é mais que uma demora: demora antes que o monstro desperte, suave algaravia na última curva antes do precipício, antes do desvio definitivo da literatura. Antes que Flaubert se torne vanguarda.

A literatura de Flaubert é a escrita da inclusão. A literatura agora inclui o feio, o baixo, o repugnante. O outro da Arte ("sejamos vulgares na escolha do assunto", Baudelaire em sua crítica a *Madame Bovary*). Mas o inclui sob a forma da lente, da deformidade, novamente do excesso. O próprio Du Camp em seu *Souvenirs littéraires* esclarece: "toda a literatura pode dividir-se em duas escolas diferentes, a dos míopes e a dos hipermetropes. Os míopes veem pelas bordas, dão importância a cada coisa porque cada coisa lhes aparece isoladamente (...) se diria que têm um microscópio no olho que tudo aumenta, deforma (...) Os hipermetropes, ao contrário, veem o conjunto, no qual os detalhes desaparecem para formar uma espécie de harmonia geral (...) Flaubert escreve com uma lente, o espectador olha e acredita ver monstros ali onde não havia mais que criaturas humanas semelhantes a ele".

Flaubert é um míope literário, sua escrita se detém num ponto e o deforma, o destroça, o faz em pedacinhos. A miopia, sua escrita, o estilo, o opõe à "harmonia geral", o torna suspeito, estrangeiro, *algo fora*. Afinal, e depois de tudo, o que é a harmonia geral, senão o mundo, a época, o estado das coisas? A literatura se opõe ao mundo, o nega, o atravessa; implica a criação de um fora. Com o mundo não faz negócios.

Ao mesmo tempo, a miopia é uma fatalidade, uma condição de destino, uma desgraça. Não se escolhe ser míope, simplesmente se é. Não é um problema de caráter, de intenção, nem sequer de força de vontade. Não se é míope por algo, Flaubert o é por ele mesmo. A miopia se consumou sem lhe perguntar, sem lhe consultar, sem aviso prévio. É a escrita como excesso, como uma demasia fatal, ingovernável; como uma escrita fugidia, perdida no mundo da harmonia, do *logos*, do entendimento, ou ainda mais: do seu tempo. A escrita fugidia leva a língua ao limite, a faz delirar, a tira de contexto.

Diante de uma escrita que cria sua própria língua, torna-se estrangeira ao idioma, como ler? Produz-se uma *disparidade*: não há idioma comum para julgar, são mundos heterogêneos, intraduzíveis. Porque toda escrita do excesso é intraduzível, e não intraduzível a outros idiomas (nacionais), mas intraduzível ao próprio, à época, intraduzível a si mesma. Porque uma escrita desse tipo não nos informa nada; nem a época, nem a história, nem o sentido, muito menos o presente (impossível: uma disparidade se define pela incapacidade de provar); nem sequer nos informa sobre si mesma (pois não possuímos o idioma para compreendê-la); apenas um raio que assinala sua passagem, que já está do outro lado, e nos deixa desolados aqui deste lado. Se quisermos nos aproximar dela – na fragilidade, na antessala do fracasso –, só é possível através do jogo do zigue-zague, do contorno, das sombras chinesas, no instante do paradoxo, e não pela positividade, mas pura e simplesmente no momento da suspensão. A literatura é o que acontece agora, neste mesmo instante, o que advém irremediavelmente, e a experiência literária é a experiência dessa ausência, da linguagem fugidia e nossa própria solidão. Solidão que é a própria obra. A obra não é afirmação, não é positividade, não é construção: ao contrário, a obra é um parênteses, a suspensão do mundo. A obra não dá sentido, mas o abandona. Nada gera, a obra é materialização sensível da anulação do mundo. A obra suspende.

II

Na sexta-feira de 30 de janeiro de 1857 começa o julgamento. Ernest Pinard, o fiscal imperial, é um jovem advogado famoso por sua vitória no caso de Celestine Doudet – uma governanta acusada de sadismo – e que triunfaria, oito meses depois, no julgamento contra *As flores do mal* de Baudelaire. Desde o começo, sua acusação se sustenta numa verdade: em Flaubert tudo é levado ao excesso. Não há uma relação econômica com a linguagem, as descrições, as coisas, as histórias, os fatos; uma inversão com alguma finalidade, um objetivo, um prazo; somente um puro gasto. O excessivo da escrita converte-se no tema central da alegação: "o gênero que Flaubert cultiva, que pratica sem as devidas considerações, mas com todos os recursos da arte, é o gênero realista, a pintura descritiva (...) me pergunto, com vossa permissão, a respeito da cor, da pincelada (...) porque pinta de modo desenfreado e sem medida".

Para Pinard não há somente uma ofensa à moral pública e à religião, não são apenas perigosos para a ordem "esses detalhes lascivos" ou as consequências que pode gerar a leitura do romance nas "mãos de moças, às vezes mulheres casadas"; existe algo além, um temor de outro tipo: sua obsessão consiste em "colocar-lhe um freio nas pinceladas", seu temor provém da ordem textual, do funcionamento do texto, provém de uma escrita que não tem limites. Provém do *estilo*.

Jules Sénard, o advogado de defesa, entende claramente estes riscos. Em seu discurso – de quatro horas – realiza duas operações: nega que em *Madame Bovary* haja qualquer tipo de excesso – moral ou textual – e, ao mesmo tempo, indica que, no caso de havê-lo, o culpado não é Flaubert, mas o narrador do romance. Para Sénard, narrador e autor são duas instâncias diferentes, afinal "Gustave Flaubert é um homem sério, de natureza inclinada às coisas graves e tristes. Não é o homem que o ministério público tem retratado perante todos, em apenas quinze ou vinte linhas extraídas daqui ou dali".

Primeira operação, então: distinguir o romance de seu autor. O autor é um homem moral, um homem de confiança. Salvo o autor, resta o texto. Na segunda operação, Sénard joga com seu êxito: se o problema é o texto, se a própria escrita pode ser amoral, que seja comprovado o temor de Pinard. Sénard deve demonstrar imperiosamente que na escrita de Flaubert não há excesso algum. Para isso introduz uma noção fundamental: a de utilidade. O excesso está do lado da inutilidade, do que sobra, do que não tem função. Em *Madame Bovary*, diz, não há excesso porque a novela é útil, existe na positividade, é criadora: "meu cliente não pertence a nenhuma dessas escolas que a acusação acaba de citar. Por Deus!, pertence à escola realista por quanto se atém à realidade das coisas. Pertenceria à escola psicológica no sentido de que não é a materialidade das coisas que o impulsiona, mas o sentimento humano, o desenvolvimento das paixões no meio em que se situa (...) o que sobretudo deseja fazer Flaubert é conceber temas como estudo da vida real; criar, construir tipos verdadeiros de classe média, e chegar a um resultado útil".

Sénard constrói um Flaubert que se dedica a algo como uma *literatura sociológica*, com seus "temas de estudo" e suas tipologias. Certamente, de Balzac a Zola a literatura e o sociológico dialogam permanentemente (são os *études de moeurs*[18]). Mas Flaubert rompe com essa tradição. Seus problemas não são os do realismo, problemas de método, de pinceladas, problemas da tradição da presbiopia; seu objeto não é a representação, nem a "utilidade", mas a linguagem. Sénard consegue a absolvição de seu cliente, mas gera uma imensa confusão na recepção de sua obra, gera a ideia equivocada de que em Flaubert há uma literatura concebida como arquitetura, que em seus textos há uma pergunta permanente pela mimese; sustenta a estranha ideia de que a literatura mantém alguma relação com a utilidade (utilidade para o conhecimento, para a beleza da alma, para a

---

18 Em *A comédia humana*, título da obra reunida de Honoré de Balzac (1799-1855), o autor reúne 95 narrativas (entre romances, contos e novelas) dividindo-as pelos seguintes grupos de estudo: "estudos filosóficos", "estudos analíticos" e "estudos de costumes" (*études de moeurs*). Estes formam a maior parte da obra, abrangendo 66 títulos, e subdividindo-se em seis séries: *Cenas da vida privada, Cenas da vida provinciana, Cenas da vida parisiense, Cenas da vida política, Cenas da vida militar* e *Cenas da vida real*. [N. dos T.]

construção de imaginários sociais; suposições que provêm de muitos lugares menos da própria literatura).

A falha é conhecida: absolvição. Contudo, quero me deter em alguns parágrafos. O tribunal o absolve porque "a obra da qual Flaubert é o autor é uma obra que parece ter sido intensa e seriamente trabalhada do ponto de vista literário e do estudo dos caracteres". O tribunal o absolve porque compartilha a opinião de Sénard: *Madame Bovary* é um romance que busca resultados úteis, que trabalha seriamente no estudo dos caracteres. Se não fosse assim, mereceria ser condenado. Se a literatura fosse inútil, se fosse o que resta, o que é demais, se não tivesse nenhum outro fim além de si mesma, se não fosse mais que a escrita de sua escrita, *perderia sua inocência, perderia o julgamento*.

A acusação, a defesa e o jurado coincidem: o perigoso não é a não subordinação da obra de arte a nenhum fim moral ou religioso. O perigoso é a autonomia da literatura, da obra de arte (é curioso: a sociologia da literatura vê este momento como o momento de criação dos campos autônomos, dos posicionamentos no campo literário como mecanismo de legitimação e não como o começo de uma desmedida, o limiar de uma tragédia). Se a literatura depois de Flaubert é culpada por alguma coisa, se por algo caiu derrotada, se por algo teve que pagar, é pela tragédia de sua autonomia. A ilusão de autonomia é um salto para o vazio que jogou a literatura numa zona de fragilidade; desde então debilidade e literatura viraram sinônimos.

A falha se refere a como devia ser "*a forma*" literária, o modo de escrita. De algum modo é coerente, pois finalmente se julgava uma nova técnica literária, *un procédé*: o discurso indireto livre. Não me deterei aqui sobre algo já dito muitas vezes, sobre a criação de uma escrita impessoal, impassível, distante ("seremos de gelo ao contar as paixões e aventuras nas quais a maioria das pessoas põe calor; seremos, como se diz agora, objetivos e impessoais". Baudelaire em seu comentário sobre *Madame Bovary*). É provável que essa distância que o discurso indireto livre introduz entre o autor e a narração tenha permitido convencer o jurado de que Flaubert e seu texto são duas instâncias (e também, o aprendizado extraído do julgamento: desde o começo do processo de Baudelaire já se esclarece que "não é o homem quem devemos julgar, mas sua obra"). Não me interessa aqui a criação de uma nova técnica, de um novo estilo e sua importância na história dos estilos (importância que reivindica Proust em "*A propósito do 'estilo' de Flaubert*"). Importa-me, em compensação, a criação de um novo estilo, de *uma escrita* como ruptura com o dado: *de uma escrita fazendo vanguarda*. O que me importa em Flaubert não é somente a ruptura com uma moral de seu tempo, com o imaginário de sua época, não é só a autonomização do literário (isso não seria novidade: já Schiller afirmava que "as leis do teatro começam ali onde termina o espaço das leis da sociedade"), trata-se do estilo, da novidade, técnica entendida *como quebra epistemológica*, como um salto sem retorno, como uma fratura, um adeus ao mundo.

Se Flaubert foi absolvido, é porque nem Pinard, nem Sénard, nem o jurado advertiram o irreparável da ruptura. Pressentiram, mas não compreenderam em profundidade. Talvez porque as rupturas são sempre pressentidas e nunca compreendidas, porque a literatura é o que se passa, o que acontece; e a compreensão do que já passou, um instante atrás. Frente a qual instituição devia realizar-se o processo contra *Madame Bovary*, se as normas sociais vigentes, "a opinião pública, o sentimento religioso, a moral, os bons costumes" já não têm competência para julgar? É daí que a obra – e mais ainda, a obra de vanguarda – instaura uma disparidade, se torna intraduzível. Por isso é inútil tentar extrair informação social, histórica, epocal de uma obra; porque a obra não é mais que o testemunho de seu devir, a obra é *o testemunho dessa disparidade*, o testemunho de sua *aporia*. E se a compreensão da obra (de vanguarda) é impossível (por não se conhecer seu idioma), *a experiência desse testemunho* não é (a perda desse tipo de experiência é a grande ameaça do presente. O insuportável de nosso tempo não é somente que a vanguarda, em sua dialética, tenha desembocado no mercado; mas a quase impossibilidade de ser, hoje, vanguarda. A literatura contemporânea se escreve no rastro dessa impossibilidade, que é a impossibilidade que possibilita uma literatura radical; a impossibilidade que a atira em terrenos inexplorados).

III

Essa desmedida tem um nome: linguagem. Depois de Flaubert o tema da literatura não vai mais ser o mundo, a representação, o acontecimento da narração, mas a linguagem. A literatura de Flaubert designa o momento do *giro linguístico*.

Depois de Flaubert todas as experiências são possíveis: primeiro Mallarmé. Depois Proust, de um lado, e Joyce, de outro. Mais tarde a escrita de vanguarda, mais além Robbe-Grillet, Sarraute, e ainda a poesia de Ashbery. A aventura da linguagem explode em todas as direções: como proliferação de uma transparência (Roussel), sob a certeza de seu esgotamento (Beckett).

Ao abrir a literatura à linguagem, Flaubert a arranca do mundo da harmonia e a instala na precariedade, numa situação de eterna fuga, em estado de dissolução permanente. Escreve-se no terremoto, no instante em que tudo começa a vacilar; no momento em que a literatura se arruína, se converte em ruínas, em restos, no momento em que a escrita se realiza na ameaça da falha geológica. A literatura de Flaubert assinala esse instante fatal.

IV

Se Flaubert tem consciência de algo, trata-se precisamente disso: da ruptura irreparável. Flaubert abre as portas à linguagem, e imediatamente adverte o perigo. A linguagem é o joguete de um monstro, da noite, a escrita fugidia, o excesso. A linguagem funciona sob a metáfora de Frankenstein, do monstro que perde o controle, se apodera de tudo, se volta contra seu criador, asfixia seu amo, o mata. A metáfora de Frankenstein é a da fatalidade da linguagem que perde as rédeas, que responde no sentido contrário ao desejado, que converte sonhos em pesadelos. Se depois de Flaubert a literatura torna-se *escrita do desastre*, é porque a literatura não dá conta de outra coisa senão do poder arrasador da linguagem, da impossibilidade de controlá-la, de submetê-la.

Na avalanche da linguagem, sob o plano do monstro, o próprio desejo de escrever se torna absurdo; a situação do escritor que quer (escrever, criar, narrar) carrega a marca do absurdo, do ridículo. Na fratura, a literatura se escreve fora da vontade, além do eu – posição centrada do mundo da harmonia –, se escreve na incomodidade, num sem lugar: na comunidade inoperante dos que não têm comunidade.

Flaubert é consciente dessa *fratura irreparável*, sabe que ao abri-la à linguagem, a literatura se transforma em precariedade, num monstro. Essa é sua tragédia: saber disso e não poder impedi-lo. Sabe que a partir daí a literatura se encaminha ao excesso, à sobra, ao sem função, ao que está demais (sabe tanto quanto Pinard que o denuncia, mesmo sabendo que já é, inexoravelmente, tarde). Se a tragédia de Flaubert tem um nome, é esse: a frase. A literatura de Flaubert está cheia de frases, cada uma é uma totalidade, um romance em miniatura. A odisseia da frase, como assinala Barthes, é o romance dos romances de Flaubert; grande parte de sua correspondência – com Louise Collet, com Du Camp, inclusive o breve intercâmbio com Baudelaire – se dedica ao tema ("as frases são tão abarrotadas de ideias que parecem rebentar... quero encontrar quatro ou cinco frases que busco há um mês... não posso deter-me, pois sigo andando, arrasto as frases a duras penas").

É aqui, no tema das frases, onde o equívoco da leitura de sua obra – e em seus efeitos de vulgatas culturais e literárias – tem sido mais profundo. O trabalho sem fim na frase, a reescritura incessante (é desnecessário citar o número de vezes que Flaubert reescreveu cada um de seus romances) não implica a passagem de uma literatura fundada no valor-genialidade a outra no valor-trabalho, não há em Flaubert uma ideia de estilo como artesanato, como fabricação, como uma indústria da ordem, como uma escala hierárquica.

A essa ideia posso dar o nome de primeira vulgata flaubertiana: a do escritor profissional, o que progride em frases, todos os dias, pouco a pouco, como num trabalho. A ideia de converter a literatura num trabalho sensato, em um ofício aceitável; de fazer da arte residência de um humanismo vulgar.

Na realidade, essa vulgata, a constatação atual de que *isso é* hoje uma vulgata, se inscreve – de forma elementar – na tradição – decisiva para a arte moderna – que parte da crítica à banalização da ideia de inspiração, da genialidade do escritor como mediador entre as musas e o texto. A crítica a estes pressupostos se sustenta na ilusão da superação de toda metafísica na arte. Sob essa ilusão, a arte do fim do século XIX e XX produziu obras de uma radicalidade sem precedentes (Jarry, Duchamp, Cage). Mas falo, no entanto, dessa mesma tradição transformada em vulgata, em lugar comum (não é o momento, mas seria importante questionar o processo pelo qual uma tradição crítica, no momento de seu êxito, se transforma em lugar comum. Se poderia começar com a hipótese segundo a qual o êxito sempre é vulgar). Há por trás dessa reprodução acrítica do discurso sobre o valor-trabalho na arte um eco deformado de inspiração, talvez, materialista: o trabalho – sob certas condições – é a verdadeira autorrealização (no entanto, em Cage ou em Duchamp, a crítica à metafísica da arte acompanha um questionamento radical do valor-trabalho, via o acaso, o aleatório, a indiferença).

Há uma segunda vulgata na literatura de Flaubert, que se reatualiza dia a dia: a da arte como sofrimento, como grande esforço. Aqui o escritor só escreveria frases sob o império da rasura, da reescritura, da correção sem fim. Escrever seria entregar-se ao sacrifício. A reescritura permanente da frase desemboca numa dor infinita, numa dor absoluta. Paradoxo: a primeira vulgata constrói um Flaubert que supera o romantismo; a segunda o romantiza até a caricatura. Certamente, nada disso ocorre em Flaubert.

Porque o trabalho da frase, o trabalho – na mesma época em que chega a ser signo de todo valor – é em Flaubert sem valor, e propriamente trágico. É algo incompreensível, alheio ao mundo do *logos*: uma loucura. É o trabalho como a prática de uma impossibilidade, como início de um mal-entendido. Se a dialética da escrita e da rasura ganha em Flaubert a forma do suplício, é porque se realiza sob a tragédia da linguagem furtiva. A própria frase é o campo de batalha onde se efetiva essa tragédia: na escrita da frase a linguagem insurge, se excede, torna-se estrangeira à língua; e na rasura, Flaubert – que sabe que despertar para a linguagem anuncia uma tormenta – impõe o limite, tenta canalizá-la, mantê-la sob controle. Assim segue a vida em Flaubert, correndo atrás do monstro que ele mesmo criou, tentando fechar as portas que ele mesmo abriu. A escrita de Flaubert carrega a marca dessa impossibilidade; é a própria impossibilidade que possibilita a escrita, que violenta a linguagem, a extravia e impõe a tragédia. Assim fala Flaubert, numa outra carta: "Cheguei à convicção de que é impossível escrever... o diabólico da prosa é tal que não acaba nunca". E, contudo, Flaubert escreve. Acontece que a literatura nele, depois dele, se realiza em outro lugar que o da vontade (apesar de tudo), se efetua na debilidade da linguagem entregue a sua sorte, de uma linguagem estranha ao mundo (da harmonia, da representação); não uma linguagem que se compromete consigo mesma – um compromisso da literatura com a literatura –, mas que não é uma variação da *l'art pour l'art*, e sim uma linguagem que torna-se exterior ao mundo, *uma voz vinda de outro lugar*; uma linguagem que coloca o escritor na situação mais extrema, mais radical: a solidão.

V

Flaubert ainda não é um Mallarmé, ainda não joga *esse jogo insensato de escrever*; não o joga, mas faz algo decisivo: funda as regras (a linguagem é o lugar onde tudo é possível). Mallarmé é o primeiro a praticar o jogo; a realizá-lo não na neurose do limite (escrever/rasurar), mas na dispersão, no lugar onde já não há esperança nas palavras. Vão-se traçando algumas heranças de Flaubert: Mallarmé, Roussel, Beckett, a abstração.

Mallarmé, portanto, um dos nomes do legado de Flaubert; e o legado carrega este nome: *Le livre*. O livro, para Mallarmé, é o teatro; teatro, claro, mallarmeano, teatro que se realiza na rejeição do teatro. Porque o livro em Mallarmé culmina num balé poético em eterna construção. Na realidade, outra vez, na impossibilidade dessa construção; impossibilidade da linguagem que funda Flaubert, e que em Mallarmé remete à impossibilidade de uma estrutura da totalidade. Este é o nó de sua disputa com Wagner, o conflito pela Obra Total. As diferenças são profundas, fundamentais: primeiro, sobre o antagonismo entre poesia (no sentido de Mallarmé) e música (no de Wagner); segundo, e em especial, sobre a capacidade de representação da arte, sobre a própria ideia de representação. A obra de arte total em Wagner, diria Mallarmé, funciona, ainda, sob a noção de representação (a tradição da representação é, para Mallarmé, a que vai da tragédia clássica, e da missa, até Wagner). Aqui Wagner não marca uma ruptura com a tradição burguesa, mas representa seu último avatar. O conflito é radical, já que para Mallarmé o teatro é a literatura, o poema, isto é: o teatro, na sua verdade, não é teatral, não se submete aos imperativos da representação. Não somente porque desaparece a materialidade cênica (cenários, vestuário), não somente porque o teatro já não tem necessidade de música (Wagner), nem sequer de um tema (isso já está em Flaubert), nem tampouco de um autor ("minha obra será uma peça sem autor"); mas porque se realiza a partir de uma escrita que perdeu todo laço com a representação. Se constrói sobre uma escrita na qual a ruptura entre as palavras e as coisas é definitiva. Se escreve na confiança das palavras que *já não se expressam a ninguém nem a nada*; não mais ao sistema, e tampouco ao sujeito; mas que *se expressam sozinhas, a si mesmas* na loucura da linguagem, no extravio, nesse fora chamado excesso.

Para Mallarmé, Wagner se inscreve no legado do romantismo que sonha com o livro absoluto, como escrever a Bíblia (Novalis), com o pensamento de um livro infinito (Schlegel). E, contudo, em algum sentido, apesar da crítica, Mallarmé também é herdeiro dessa tradição, só que, diferentemente de Wagner, propõe uma saída radical: a de uma arte sem arquitetura, sem ideia nem sentimento, sem metafísica. Uma arte liberada à sua sorte, apagando todas as suas letras (Ashbery). Mallarmé também sonha com um absoluto literário que, como nos românticos, se realiza na comunidade entre os gêneros, mas que não culmina na Obra de Arte Total, e sim no seu contrário, numa espécie de antiobra de arte total; obra sem sujeito, sem representação do mundo, pura escrita descentrada. A crítica mallarmeana à representação da linguagem empurra ainda mais a literatura para a exterioridade, e abre o espaço no qual se escreverá a literatura de vanguarda. A literatura do século XX vai se escrever como herdeira da passagem da invenção do monstro da linguagem (Flaubert) à crítica radical da representação (Mallarmé), vai se escrever nesse meridiano em que, como sublinha Paul Celan, "é preciso pensar Mallarmé até suas últimas consequências".

VI

Posta em questão a representação, a literatura se escreve na fatalidade da suspeita; narrar para *fazer crer* – nos personagens, nas histórias, nas paisagens, nas tramas – se converte em suspeita. Não desaparece a anedota, mas a partir de Flaubert ela desaparece como certeza; desaparece sua tranquilidade, *sua inocência*. A literatura contemporânea é culpada e confessa. Culpada de uma impossibilidade, a de narrar (essa é a culpabilidade radical, definitiva, que nem Pinard, nem Sénard, nem o jurado conseguiram perceber. Apenas Flaubert a pressente, mas já é irremediavelmente tarde). Contudo, essa culpabilidade, essa impossibilidade, é o único lugar possível para a literatura. As escritas mais radicais do século XX se realizam na crítica à inocência da narração.

Da linguagem como excesso, como desmedida, ao questionamento da representação e mais além; na indiferença da intriga, da anedota, a cronologia, a ordem, a identificação, a eficácia, os desenlaces, a coerência, os personagens, a verossimilhança, a pertinência, a gramática; sob o legado de Flaubert *a literatura se escreve contra a narração*; se escreve na precariedade de um além (da vontade, da linguagem), de um fora (do tempo, do *logos*), no depois de uma fratura irreparável. A escrita: uma forma de perder o juízo. E, finalmente, a questão que sobrevoa e ultrapassa toda escrita; é a frase que a antecede e a sucede, a questão definitiva, a verdadeira experiência literária: a questão sobre *como vivemos*.

ÍNDICE REMISSIVO

Abelardo Castillo (1935), escritor argentino – p. 27, 32 e 65
Adolfo Bioy Casares (1914-1999), escritor e jornalista argentino – p. 32
Alain Robbe-Grillet (1922-2008), escritor e cineasta francês – p. 61 e 99
Alberto Giacometti (1901-1966), pintor e escultor suíço – p. 73
Alejandra Pizarnik (1936-1972), poeta argentina – p. 9, 10, 11 e 27.
Alfred Jarry (1873-1907), escritor e dramaturgo francês – p. 102
André Gide (1869-1951), escritor francês – p. 75
Andrés Rivera (Marcos Ribak) (1928-2016), escritor argentino – p. 27, 32 e 65
Antonio Tabucchi (1943-2012), escritor italiano – p. 79
Barnett Newman (1905-1970), pintor estadunidense – p. 44 e 73
Bob Dylan (Robert Allen Zimmerman) (1941), músico estadunidense – p. 29
Bob Perelman (1947), poeta estadunidense – p. 29
Bret Easton Ellis (1964), escritor estadunidense – p. 31
Carlos Correas (1931-2000), escritor e filósofo argentino – p. 19
César Aira (1949), escritor argentino – p. 26, 27, 28, 29, 30, 34, 35, 43
Charles Baudelaire (1821-1867), poeta e crítico francês – p. 92, 98, 101
Charles Dickens (1812-1870), escritor inglês – p. 63
Christine Buci-Glucksmann (19XX), filósofa francesa – p. 80
Copi (Raul Taborda Damonte) (1939-1987), escritor e dramaturgo argentino – p. 26, 34, 39, 40, 41, 42, 43, 44, 49
Cornelius Castoriadis (1922-1997), filósofo grego – p. 19
Daniel Guebel (1956), escritor argentino – p. 28, 29, 48
Donald Judd (1928-1994), pintor estadunidense – p. 50 e 73.
Edmond Jabès (1912-1991), poeta egípcio – p. 56
Emmanuel Lévinas (1906-1995), filósofo francês – p. 55
Ernesto Sábato (1911-2011), escritor e pintor argentino – p. 27, 28 e 65
Ernst Junger (1895-1998), escritor e filósofo alemão – p. 88
Ève Chiapello (1965), socióloga francesa – p. 55
Ezequiel Alemian (1968), escritor argentino – p. 48
Fernando Pessoa (1888-1935), poeta português – p. 80
Francis Bacon (1909-1992), pintor irlandês – p. 72
François Marie Arouet (Voltaire) (1694-1778), escritor francês – p. 80
Frank Stella (1936), pintor estadunidense – p. 53, 54, 55, 56, 57 e 73
Franz Kafka (1883-1924), escritor tcheco – p. 44
Friedrich Schlegel (1772-1829), filósofo alemão – p. 105
Friedrich Schiller (1759-1805), escritor, dramaturgo e filósofo alemão – p. 98
Friedrich Hölderlin (1770-1843), poeta alemão – p. 77
Gabriel Kessler (1964), sociólogo argentino – p. 45, 49, 50

George Steiner (1929), crítico e professor francês – p. 63, 84, 85, 86, 87, 88
Georges Bataille (1897-1962), escritor francês – p. 70
Georges Didi-Huberman (1953), filósofo francês – p. 50
Georges Perec (1936-1982), escritor francês – p. 76
Gilles Deleuze (1925-1995), filósofo francês – p. 40 e 77
Guillermo Piro (1960), escritor e jornalista argentino – p. 48
Gustav Mahler (1860-1911), maestro e compositor tcheco – p. 44
Gustave Flaubert (1821-1880), escritor francês – p. 63, 91, 92, 93, 94, 95, 96, 97, 98, 99, 100, 101, 102, 103, 104, 105, 106, 107
Gustavo Nielsen (1962), escritor argentino – p. 48
Guy Debord (1931-1994), escritor e cineasta francês – p. 54
Hans Robert Jauss (1921-1997), professor e crítico alemão – p. 86
Harold Bloom (1930), professor e crítico literário estadunidense – p. 19
Hector Bianciotti (1930-2012), escritor e ator argentino – p. 42
Héctor Libertella (1945-2006), escritor argentino – p. 26, 27, 28, 29, 30 e 35
Henri Matisse (1869-1954), pintor francês – p. 44
Honoré de Balzac (1799-1850), escritor francês – p. 31 e 96
Immanuel Kant (1724-1804), filósofo alemão – p. 80
Jacques Derrida (1930-2004), filósofo argelino – p. 56
Jacques Lacan (1901-1981), psicanalista francês – p. 54
Jaime Barylko (1936-2002), escritor e pedagogo argentino – p. 15
James Joyce (1882-1941), escritor irlandês – p. 44 e 99
Jean Dubuffet (1901-1985), pintor e escultor francês – p. 82 e 83
Jean Duvignaud (1921-2007), escritor, sociólogo e dramaturgo francês – p. 76
Jean-François Lyotard (1924-1998), filósofo francês – p. 44
Jean-Luc Godard (1930), cineasta francês – p. 85
Jean-Luc Nancy (1940), filósofo francês – p. 19
J. D. Salinger (Jerome David Salinger) (1919-2010), escritor estadunidense – p. 65
John Ashbery (1927), poeta estadunidense – p. 29, 81, 99 e 105
John Cage (1912-1992), músico estadunidense – p. 72, 85 e 102
Jonathan Franzen (1959), escritor estadunidense – p. 79
Jorge Luis Borges (1899-1986), escritor argentino – p. 28, 41, 43 e 44
José Saramago (1922-2010), escritor português – p. 79
Joseph Beuys (1921-1986), pintor, escultor e performer alemão – p. 72
Joseph de Maistre (1753-1821), escritor, filósofo e advogado francês – p. 29
Jual Gelman (1930-2014), poeta argentino – p. 27
Juan Becerra (1967), escritor e compositor espanhol – p. 48
Juan José Saer (1937-2005), escritor argentino – p. 27, 32 e 43
Julio Cortázar (1914-1984), escritor argentino – p. 10, 25, 27, 28, 32 e 76
Kazimir Malevich (1878-1935), pintor russo – p. 58
Lautréamont (Isidore-Lucien Ducasse) (1846-1870), escritor uruguaio – p. 75
Leopoldo Marechal (1900-1970), escritor e dramaturgo argentino – p. 27
Lezama Lima (1910-1976), escritor cubano – p. 74 e 76
Liliana Heker (1943), escritora argentina – p. 32
Louis-René dês Fôrets (1918-2000), poeta francês – p. 72

Luc Boltanski (1940), sociólogo francês – p. 55
Lucien Freud (1922-2011), pintor alemão – p. 72
Ludwig Wittgenstein (1889-1951), filósofo austríaco – p. 70
Luigi Nono (1924-1990), maestro e compositor italiano – p. 44 e 73.
Macedonio Fernández (1874-1952), escritor argentino – p. 82
Manuel Puig (1932-1990), escritor argentino – p. 26, 27, 28, 29, 31, 34, 35, 43 e 81
Marcel Duchamp (1887-1968), artista francês – p. 54, 72 e 102
Marcel Proust (1871-1922), escritor francês – p. 44, 98 e 99
Marcelo Eckhardt (1965), escritor argentino – p. 48
Mariano Grondona (1932), jornalista argentino – p. 24
Marina Tsvetáieva (1894-1941), poeta russa – p. 77
Mark Rothko (1903-1970), pintor estadunidense – p. 44 e 73
Martha Nussbaum (1947), filósofa estadunidense – p. 62, 63 e 64
Martin Heidegger (1889-1976), filósofo alemão – p. 88
Martin Kohan (1967), professor e escritor argentino – p. 48
Maurice Blanchot (1907-2003), filósofo e escritor francês – p. 19
Max Horkheimer (1895-1973), filósofo e sociólogo alemão – p. 83
Mempo Giardinelli (1947), escritor e jornalista argentino – p. 32 e 79
Michael Palmer (1943), poeta estadunidense – p. 29
Michel Foucault (1926-1984), filósofo francês – p. 15, 25, 26 e 54
Michel Leiris (1901-1990), escritor e etnólogo francês – p. 75 e 76
Milan Kundera (1929), escritor tcheco – p. 79
Nathalie Sarraute (Natalia Ilinichna Tcherniak) (1900-1999), escritora e advogada russa – p. 73, 85 e 99
Néstor Perlongher (1949-1992), poeta e antropólogo argentino – p. 26, 27, 34 e 61
Néstor Sánchez (1935-2003), escritor argentino – p. 26, 28, 29, 43 e 74
Novalis (Georg Philipp Friedrich Freiherr von Hardenberg) (1772-1801), filósofo e poeta alemão – p. 105
Oscar Taborda (1959), poeta argentino – p. 48
Osvaldo Lamborghini (1940-1985), escritor e poeta argentino – p. 26, 27, 28, 29, 31, 34, 35, 43, 74, 78, 80 e 81
Osvaldo Soriano (1943-1997), escritor e jornalista argentino – p. 29, 32, 61 e 65
Paul Auster (1947), escritor estadunidense – p. 65 e 79.
Paul Celan (1920-1970), poeta ucraniano – p. 44 e 106
Paul de Man (1919-1983), teórico e crítico literário belga – p. 39
Paul Valéry (1871-1945), filósofo, escritor e poeta francês – p. 46
Paul Virilio (1932), filósofo, arquiteto e urbanista francês – p. 54
Pier Paolo Pasolini (1922-1975), cineasta, escritor e poeta italiano – p. 61
Raymond Roussel (1877-1933), escritor, poeta e pintor francês – p. 76, 100 e 104
Ricardo Zelarayán (1922-2010), escritor e jornalista argentino – p. 26
Richard Wagner (1813-1883), maestro e compositor alemão – p. 104 e 105
Robert Morris (1931), artista e escritor estadunidense – p. 50
Rodolfo Fogwill (1941-2010), escritor e sociólogo argentino – p. 26, 27, 28, 29, 30, 34, 35 e 43
Rodríguez Feo (1920-1993), crítico literário cubano – p. 74

Roland Barthes (1915-1980), escritor, semiólogo e crítico literário francês –
p. 17, 18, 25 e 101
Rosalind Krauss (1941), teórica e crítica de arte estadunidense – p. 53, 54,
56 e 64
Samuel Beckett (1906-1989), escritor e dramaturgo irlandês – p. 40, 72, 100, 104
Sara Gallardo (1931-1988), escritora argentina – p. 32
Sebastián Bianchi (1966), escritor e poeta argentino – p. 48
Sergio Bizzio (1956), escritor, dramaturgo, cineasta e músico argentino – p. 28 e 48
Sergio Chejfec (1956), escritor argentino – p. 48
Sigmund Freud (1856-1939), médico neurologista e psicanalista austríaco – p. 56
Stephen King (1947), escritor estadunidente – p. 31 e 65
Sthéphane Mallarmé (1842-1898), poeta francês – p. 99, 104, 105 e 106
Susan Buck-Morss (19XX), filósofa e historiadora estadunidense – p. 86
Susan Sontag (1933-2004), escritora e crítica de arte estadunidente – p. 84 e 85
Theodor Adorno (1903-1969), filósofo e sociólogo alemão – p. 83 e 87
Thomas Kuhn (1922-1996), físico e filósofo estadunidense – p. 25
Thomas Mann (1875-1955), escritor alemão – p. 65
T. S. Eliot (Thomas Stearns Eliot) (1888-1965), poeta estadunidense – p. 75
Tony Smith (1912-1980), escultor estadunidense – p. 50
Umberto Eco (1932-2016), escritor, filósofo e semiólogo italiano – p. 65
Vicente Battista (1940), escritor e roteirista argentino – p. 32
Victor Sueiro (1943-2007), escritor e jornalista argentino – p. 65
Viel Temperley (Héctor Viel Temperley) (1933-1987), poeta argentino – p. 27
Vladimir Nabokov (1899-1977), escritor russo – p. 40
Walter Benjamin (1892-1940), filósofo, sociólogo e crítico alemão –
p. 14, 61, 86 e 87
Witold Gombrowicz (1904-1969), escritor e dramaturgo polonês – p. 10 e 72
W. H. Auden (Wystan Hugh Auden) (1907-1973), poeta britânico – p. 30 e 73
Yves Klein (1928-1962), artista francês – p. 58

SOBRE O AUTOR

Escritor, editor e tradutor, Damián Tabarovsky (1967) nasceu e vive na Argentina. É autor de 11 livros de ficção e ensaio, dentre os quais se destacam *Autobiografia médica* (2007) e o recente *El amo bueno* (2016). Vários de seus livros foram traduzidos para o francês, alemão, grego e russo. Foi colunista no jornal *Clarín*, colaborador da *Folha de S. Paulo* e atualmente é colunista do jornal *Perfil*. É também editor na Mardulce Editora. *Literatura de esquerda* é seu primeiro livro traduzido no Brasil.

© Relicário Edições, 2017
© Damián Tabarovsky, 2004

CIP –Brasil Catalogação-na-Fonte | Sindicato Nacional dos Editores de Livro, RJ

T112l Tabarovsky, Damián

Literatura de esquerda / Damián Tabarovsky; Ciro Lubliner,
Tiago Cfer. - Belo Horizonte : Relicário Edições, 2017.

116 p. ; 14 x 21 cm.

ISBN: 978-85-66786-53-8

Título original: "Literatura de izquierda"

1. Ensaio argentino. I. Lubliner, Ciro.II. Cfer, Tiago.
III. Título.

CDD Ar864

COORDENAÇÃO EDITORIAL Maíra Nassif Passos
PROJETO GRÁFICO & DIAGRAMAÇÃO Ana C. Bahia
TRADUÇÃO Ciro Lubliner e Tiago Cfer
REVISÃO Mariana Di Salvio

Obra editada com o incentivo do Programa "SUR" de apoio às Traduções do Ministério de Relações Exteriores e Culto da República Argentina.

Obra editada en el marco del Programa "Sur" de Apoyo a las Traducciones del Ministerio de Relaciones Exteriores, Comercio Internacional y Culto de la República Argentina.

RELICÁRIO EDIÇÕES
www.relicarioedicoes.com
contato@relicarioedicoes.com

1ª edição[2017]

Esta obra foi composta em Minion Pro e Din sobre papel
Pólen Bold 90 g/m² para a Relicário Edições.